JONAS – MARCH – ANDRÉE – JANSSEN

EINER GEHT NOCH!

KRÄUTERSCHNÄPSE UND -LIKÖRE

DELIUS KLASING VERLAG

Verlag und Herausgeber danken Mast-Jägermeister SE für die freundliche Unterstützung. Und natürlich bedanken wir uns bei allen Autorinnen und Autoren, ohne die dieses Buch niemals entstanden wäre, genauso wie bei allen weiteren Mitstreitern.

———

Bibliografische Information der Deutschen Nationalbibliothek Die Deutsche Nationalbibliothek verzeichnet diese Publikation in der Deutschen Nationalbibliothek; detaillierte bibliografische Daten sind im Internet über http://dnb.dnb.de abrufbar.

Delius Klasing Verlag

Siekerwall 21

D-33602 Bielefeld

Tel. 0521/559-0

Fax 0521/559-115

info@delius-klasing.de

www.delius-klasing.de

1. Auflage

ISBN 978-3-667-10673-5

© Delius Klasing & Co. KG, Bielefeld

Lektorat:

Birgit Radebold

Projektmanagement:

Melanie Jonas

Nanette Andrée (SON)

Redaktion:

Dorthe March

Gestaltung:

Holger Janssen (SON)

Lithografie:

scanlitho.teams, Bielefeld

Druck:

Firmengruppe Appl,

aprinta Druck, Wemding

Printed in Germany 2016

FÜR BÜCHER
ÜBER DAS TRINKEN
GILT IM PRINZIP
DER GLEICHE GRUNDSATZ
WIE BEI IHREM
GEGENSTAND:

»EINER GEHT NOCH.«

Peter Richter
» Über das Trinken «

INHALT

008

APERITIFS

010 **IN DER HÖHLE DES HASEN**
Kräuterschnaps als Aperitif

014 **ROT WIE DIE LIEBE**
Campari

020 **»A BISSERL DOLCE VITA GEHT IMMER«**
Amaro Mondino

024 **JÄGERMEISTERLICH!**
Jägermeister-Experten im Interview

030 **7 x 7**
Chartreuse

036 **PATINA VOM FASS**
Wermut

048 **WAS IS'N DA DRIN?**
Kleine Kräuterkunde

052 **DON'T CRY FOR ME FERNET-BRANCA**
Fernet-Branca

054

AUFRÄUMER

056 **KÜMMEL FÜR DIE PFEFFERSÄCKE**
Helbing

062 **DER BERG-DOKTOR**
Underberg

068 **VOM WALD IN DIE WELT**
Jägermeister

076 **DEFTIG, DURSTIG, DEMOKRATISCH**
Acht Menschen, fünf Schnäpse und ein Topf Grünkohl

086 **AVE ZOTTI**
Averna & Ramazzotti

090 **DER CRAFT-KÜNSTLER**
Spirituosen-Visionär Theo Ligthart im Gespräch

INHALT

118

ABSACKER

120 HAUSBESUCH BEI DER GRÜNEN FEE
Absinth

124 DIE SCHNAPSNASEN
Fragen an Experten

134 EIN GEHEIMNISVOLLES MÄNNLEIN
Butzelmann

138 ICH TRAGE EINEN GROSSEN NAMEN
Wenn Spirituosen absurd heißen

142 BANG, BANG … SHOOT ME DOWN!
Aus dem Tagebuch einer Theke

144 SCHMECKT'S?
Was uns sonst noch so eingeschenkt wurde

148 VON AUFREGERN UND FRÖHLICHMACHERN
#frohkräutern

152 VIER GEHEN NOCH
Über uns

AUFRÄUMER

096 NEW JORK, NEW JORK!
Ein Selbstversuch

104 WIE AUS DEM NICHTS
Urfelder No 26

108 BRAUNSCHWEIG GOES BERLIN
Borgmann 1772

114 SCHULD WAR NUR DER APOTHEKER
Apothekerschnäpse

116 5 DINGE,
die man mit Kräuterschnaps tun kann – außer ihn zu trinken

KATER

Schnaps als destillierter und damit reiner Alkohol wird besser vertragen als Bier und Wein.

506

506 Mio. 0,7-Liter-Flaschen Spirituosen wurden 2014 in Deutschland produziert. 1994 waren es 801 Mio.

26,5 %

26,5 Prozent ist der Anteil von Bitter-, Halbbitter- und Kräuterlikören an der Gesamtproduktion in Deutschland 2014.

SCHNAPS

Ein kleines Glas Alkohol, das man mit einem Schluck »schnappen« kann, nennt man Schnaps.

5,4 l

5,4 l betrug der Pro-Kopf-Verbrauch an Spirituosen 2014.

SCHNAPS-DROSSEL

Mit Drossel ist nicht der Singvogel gemeint, sondern die Kehle, die in der Jägersprache Drossel genannt wird.

Quelle: Daten aus der Alkoholwirtschaft 2015 des BSI e. V., ZEIT ONLINE

WIR KÖNNEN ES NICHT LEUGNEN: WIR MÖGEN SPIRITUOSEN.

Und zwar nicht nur die, die gerade durchs Dorf getrieben werden, sondern auch die, die es auf dem Land wie in der Stadt schon sehr lange gibt – zuerst beim Apotheker, dann beim Wirt. Wir sammeln nicht nur spannende Fakten zum Thema – zum Beispiel auf der linken Seite –, sondern dürfen auch viele unterhaltsame Geschichten erzählen. Unsere Autorinnen und Autoren konzentrieren sich auf die Geselligkeit des (Schnaps-)Trinkens und das um drei Uhr morgens an der Bar aufflammende Gefühl, dass noch einer geht. Sie haben sowohl jungen als auch erfahrenen Produzenten über die Schulter geguckt, die das Beste aus unseren heimischen und exotischen Kräutern herausholen und daraus hervorragende Liköre und Schnäpse machen. Zwischen Kult und Craft bewegen sich ihre Geschichten von Aperitifs, Aufräumern und Absackern – und zeigen dabei die ganze Bandbreite unserer liebsten Medizin aus kleinen Gläsern.

Wir freuen uns, wenn nach der Lektüre unseres Buches der ein oder andere Kräuter Ihr Hausbar-Sortiment ergänzt. In dieser Hinsicht können wir Ihnen sogar versprechen: Einer geht noch!

AP
E
ITI

ANFANGEN

Was genau macht eigentlich ein Aperitif? Er trennt den Tag vom Abend, die Arbeit von der Freizeit – und die Spreu vom Weizen, denn wer den Feierabenddrink oder das Glas vor dem Essen ablehnt, ist schon irgendwie etwas seltsam. Vielen unserer europäischen Nachbarn würde ohne Aperitif ein essenzielles Stück zum Glück fehlen. Wir Dichter und Denker kramen in diesem Zusammenhang Hermann Hesses *Stufen* heraus – ja, genau, das mit dem Anfang! »Und jedem Anfang wohnt ein Zauber inne, der uns beschützt und der uns hilft, zu leben.« Ob die Bars, in denen wir unsere Abende beginnen, uns wirklich beschützen, und die Drinks, die wir dort bekommen, uns helfen zu leben, sei mal dahingestellt. Aber wir wollen sie nicht missen: diese süßen Stunden rund um den Sonnenuntergang, in denen alles beginnt – und alles möglich ist …

R

IN DER HÖHLE DES HASEN

KRÄUTERSCHNAPS ALS APERITIF – GEHT DAS ÜBERHAUPT?

Text **TINA EPKING**

Es ist 12 Uhr mittags, und ich sitze auf einem Hocker am Tresen im The Rabbithole in der Kleinen Freiheit mitten auf Sankt Pauli. Es riecht noch leicht nach Rauch von der vergangenen Nacht, und ich blicke auf die unzähligen Flaschen hinter der Bar, an der ich mich, der frühen Tageszeit geschuldet, ausnahmsweise allein befinde. Diese wirklich hübsche »Höhle des Hasen« mit dunklem Boden,

alten edlen Ledersofas und goldenen Rohren an der Decke liegt unweit des Rotlichtviertels und ist noch neu, aber trotzdem schon der aktuelle Geheimtipp unter Cocktailliebhabern in Hamburg. Chefin Constanze Lay ist eine echte Künstlerin am Glas – und das hat sich schnell herumgesprochen. Endlich habe ich einen Grund, mal hierherzukommen, denn ich muss ihr eine wichtige Frage stellen. Eine, die mich und wahrscheinlich alle Schnapsliebhaber der Welt schon immer brennend interessiert hat: Muss man Kräuterschnaps zwangsläufig nach dem Essen trinken – oder darf man es auch davor? Wenn das einer weiß, dann Barmeisterin Constanze, denn wie sie selbst sagt, gibt es zwar nur wenige weibliche Stars in der Branche, aber die sind dann wirklich richtig gut. Die junge Frau mit den kurzen braunen Haaren liebt Spirituosen, aber nicht nur das qualifiziert sie als Aperitif-Expertin: Das Rabbithole öffnet ungewöhnlich früh um 18 Uhr, also zur idealen Zeit für einen Drink vor dem Essen.

EIN APERITIF SOLL SCHLIESSLICH APPETIT UND NICHT SATT MACHEN

Constanze Lay ist ein absoluter Profi, und wie alle Profis mag sie keine halben Sachen. »Was meinst du denn eigentlich mit Kräuterschnaps?«, fragt sie, nachdem ich ihr mein Anliegen erläutert habe. Gute Frage. Ich habe keine Ahnung. Was meine ich eigentlich? Laut *Duden* ist Schnaps »ein Getränk mit sehr hohem Alkoholgehalt«, Kräuterschnaps wäre demzufolge ein hochprozentiges Getränk mit vielen Kräutern drin, oder?! Ich versuche mich mit einer Rückfrage aus der Affäre zu ziehen. »Was zählst du denn dazu?«, antworte ich. Leider geht meine Taktik nicht auf.

»Der Begriff ist nicht klar definiert«, entgegnet die 33-Jährige freundlich lächelnd. Sie hat recht. Bisher dachte ich, dass ich mich mit Alkohol relativ gut auskenne, aber jetzt muss ich mir eingestehen, dass mein Wissen aus den vergangenen 20 Jahren eher praktischer Natur ist. Nur weil ich weiß, wie ein Vollrausch funktioniert, weiß ich noch lange nichts über die Welt der Kräuterschnäpse. Ich bin ernüchtert. »Wie du siehst, habe ich hier mehr Kräuterliköre als -schnäpse stehen. Kräuterschnaps ist klar gebrannt und sehr hochprozentig. Viele Kräuteralkoholika sind allerdings nicht so hochprozentig und enthalten viel Zucker«, erläutert sie. Das ist übrigens der Grund, warum sie in der Regel vor und nicht nach dem Essen getrunken werden: Ein Aperitif soll schließlich Appetit und nicht satt machen. Dann erklärt sie mir, dass man sogar Gin theoretisch als Kräuterschnaps bezeichnen könne, da er ein Wacholderbrand ist. Dass die meisten bei Kräuterlikör an Aperol, Campari und Ramazzotti denken, wobei die beiden ersten aber wiederum Bitterliköre seien. Meine Verwirrung ist jetzt auf dem Höhepunkt. Eins allerdings ist klar: Populäre sogenannte Kräuterschnäpse wie Underberg oder Jägermeister kennen wir alle aus der Dorfkneipe, in einer modernen Classic Bar wie dem Rabbithole sucht man sie vergeblich. »Jägermeister habe ich zwar im Kühlfach, aber ich benutze ihn praktisch nie«, sagt Constanze Lay.

KANN MAN UM DIESE UHRZEIT SCHON ALKOHOL TRINKEN?

Sie ist vor allem bekannt für ihre ausgefallenen Mischungen – gern auch mit frischen Kräutern. Auf der Cocktail-Karte stehen Kreationen wie der Pink Boulevardier oder der Beuser & Angus Spezial, für die man laut Beschreibung Kräuterliköre braucht. Magenbitter, Kräuterschnaps, Kräuterlikör: Es gibt viele Bezeichnungen für die unterschiedlichen Alkoholika, in denen irgendwie Kräuter stecken. Likör heißt das Ganze erst ab 100 Gramm Zucker pro Liter, Magenbitter haben weniger Zucker, aber mindestens 15 Prozent Alkoholgehalt.

Ich versuche es anders. »Welches alkoholische Getränk mit Kräutern wird denn hier viel getrunken?«, frage ich. Als Antwort stellt Constanze ein Glas auf den Tisch und eine Flasche daneben. Drambuie steht darauf. »Den braucht man zum Beispiel für einen Klassiker wie den Rusty Nail. Möchtest du probieren?«, fragt sie. »Kann man um diese Uhrzeit schon Alkohol trinken?«, denke ich. Die Fachfrau bemerkt mein Zögern: »Man darf hier alles«, sagt Constanze. Wieder hat sie recht. Sogar Zigarre rauchen ist erlaubt. Dafür gibt es extra ein Séparée. Und wie soll ich über etwas schreiben, das ich gar nicht kenne? Außerdem riecht dieser Drambuie wirklich lecker, und auf dem Etikett steht, dass er mit Kräutern und Honig gemacht ist. »Wahrscheinlich ist der sogar sehr gesund«, denke ich. Zwei Sekunden später weiß ich auch, dass er gut schmeckt, sehr gut sogar. Den muss man nicht unbedingt vermixen, der geht pur, auch wenn er leicht in der Nase brennt. Sogar mittags um kurz nach zwölf. Man muss allerdings wissen, dass Constanze eine Vorliebe hat: für Whisky. Wenn man ganz genau wäre, würde man Drambuie wohl eher als Whiskylikör einordnen, auch wenn Kräuter drin sind.

MAN KANN GRUNDSÄTZLICH ALLES MACHEN, WAS DEN LEUTEN SCHMECKT

Definition hin oder her, ich merke langsam die Wirkung dieses Kräutertranks und überlege kurz, ob ich mich lieber auf die einladenden grünen Samtbänke am Fenster fläzen soll. Sie sehen auf einmal so kuschelig aus. Aber dafür ist jetzt keine Zeit: Ich muss weiterfragen. »Kann man Kräuterlikör eigentlich auch als Aperitif trinken? Und wenn ja, welchen würdest du empfehlen?« »Man kann grundsätzlich alles machen, was den Leuten schmeckt, finde ich«, sagt Constanze Lay. »In den USA trinkt man klassischerweise einen Cocktail vor dem Essen. Hier gibt es eher nach dem Dinner noch einen Schnaps. Das ist etwas Kulturelles und

gibt es ein richtig gutes Angebot. Das ist zwar in der korrekten Definition ein Wein und kein Schnaps oder Likör, aber da sind viele Kräuter drin.« Carpano Antica Formula, Martini, Noilly Prat, Punt e Mes sind einige der bekanntesten, die auch immer offen hinter der Bar des Rabbithole stehen. Und eine Aperitif-Cocktailempfehlung dazu hat die Barmeisterin auch: den Americano, eine Mischung aus Campari und rotem Wermut. Den trinke ich demnächst ganz bestimmt auch noch. Allerdings nicht vor dem Mittag-, sondern lieber vor dem Abendessen.

auch eine Einstellungssache.« Sie sucht erneut nach einer Flasche, gießt mir ein, lässt mich probieren. »Chartreuse ist übrigens ein Kräuterlikör, den ich viel verwende, grundsätzlich aber eher zum Mixen. Auch den könnte man vor dem Essen trinken. Allerdings nicht in großen Mengen, weil man davon sehr schnell betrunken ist«, erklärt sie und lacht.

CONSTANZES APERITIF-COCKTAIL-EMPFEHLUNG: EIN AMERICANO

Das klingt doch eigentlich nach einer ganz guten Idee. Sie hat aber noch eine bessere: »Wermut geht hervorragend als Aperitif. Vor ein paar Jahren gab es davon noch nicht viele, aber mittlerweile

DIE AUTORIN

Tina Epking ist 1978 im Ruhrgebiet geboren und hatte nicht nur deshalb bisher vor allem Erfahrung in Sachen Bier. Nach einer unschönen Jägermeister-Episode vor etwa 20 Jahren hatte sie dem Kräuterschnaps eigentlich abgeschworen. Für dieses Buch änderte sie ihre Meinung jedoch und probierte gleich mehrere sehr leckere Kräuterliköre pur und in Cocktails. Fazit: Das hätte sie schon viel früher machen sollen.

ROT WIE DIE LIEBE

VOR RUND 100 JAHREN ERÖFFNETE DAVIDE CAMPARI IN MAILAND DAS CAMPARINO. WIR LADEN UNS ZUR GEBURTSTAGSPARTY EIN!

Text **DORTHE MARCH**

Kein Aperitif ist italienischer als Campari. Seit mittlerweile über 150 Jahren steht der rote Aperitivo für La dolce vita – das süße Leben, wie es nur die Italiener beherrschen. Im Jahre 1860 servierte Gaspare Campari, seines Zeichens Maitre Licoriste in Mailand, ihn zum ersten Mal. Heute trinken Menschen in mehr als 190 Ländern Campari als klassischen Aperitif, als Longdrink mit frischem Orangensaft oder als Cocktail – Stichwort Negroni. Dolce vita all over the world.

Runde Geburtstage wie der des Camparino sind ja auch immer eine willkommene Gelegenheit, innezuhalten und auf das Lebenswerk zu blicken. Was bleibt, und was kommt? Sexy bleibt es mit dem Campari-Kalender, für den sich zuletzt Schauspielerin Kate Hudson ganz in Rot inszenieren ließ. Relativ neu ist der Charity-Gedanke der »Negroni Week«, der allen Fans des Cocktails das Gewissen erleichtert: Trinken für den guten Zweck. Und die aktuelle Kampagne »Bitter Beats Boring« führt Campari in die Zukunft. Wir sagen mit einem schicken Negroni in der Hand Cincin und Salute – und auf die nächsten 100, Camparino!

BITTER BEATS BORING

Mit der Kampagne »Bitter Beats Boring« feiert Campari die Unangepassten und inspiriert zum unkonventionellen Lebensweg. Die Idee: Campari steht für eine unverwechselbare bittere Leidenschaft und Intensität, die Teil des größten Paradigmenwechsels in der deutschen Genusskultur seit Jahrzehnten sei – zumindest laut Studie »Rise and Rise of Bitter« von »The Future Laboratory«. Tenor: Bitter ist nicht nur ein einzigartiger Geschmack, sondern ein Lebensgefühl. Und »Bitter Beats Boring« die dazugehörige Lebenseinstellung. Campari lässt sich unter anderem von Barkeepern, Künstlern und Querdenkern von unbequemen Wegen, Hürden und Herausforderungen im Leben erzählen. Von dem, was passiert, wenn man die eigene Komfortzone verlassen hat. Zwei davon: der renommierte Barkeeper Bill Fehn aus dem Jaded Monkey in München und Betty Kupsa aus dem Chug Club in Hamburg.

Davide Campari

»Campari und Bella Italia gehören fest zusammen!«

»Am besten sucht man sich eine der unzähligen Bars, die es in jeder Stadt gibt, und beobachtet die Menschen um sich herum. Besonders schön kann man das in Mailand. Wenn man Campari liebt, sollte man unbedingt ins Camparino in der Galleria Vittorio Emanuele II. Die Bar in der wunderschönen alten Shoppinggalerie wurde von Davide Campari, Sohn des Gründers Gaspare Campari, im Jahre 1915 eröffnet. Dort lässt es sich auch heute noch nach einer ausgedehnten Einkaufstour herrlich entspannen und den Abend bei einem Campari einläuten. Die legendäre Bar ist nach wie vor ein beliebter Künstler- und Szene-Treff. Wer etwas mehr Ausblick haben möchte, kann ins Armani Hotel gehen: Die Bamboo Bar bietet einen traumhaften Blick über die Stadt.«

Campari- und Italien-Fan Lena Heimann

Camillo Negroni

»UN PO' PIÙ FORTE«

Der nun ebenfalls beinahe 100 Jahre alte Negroni – drei gleiche Teile Campari, Gin und Wermut – gilt unter Barkeepern als der »King of the Cocktails«. Und Campari ist »Negronis Muse« – zumindest laut Gaz Regan, dem wandelnden New Yorker Barlexikon. Namensgeber Camillo Negroni, seines Zeichens Florentiner Graf und lebensverliebter Filou von eloquenter Chuzpe, erfand den bitter-aromatischen Drink 1919 bei einer der illustren Gesprächsrunden im Café Casoni, seiner Stammbar in Florenz. Von dieser Geburtsstunde ist überliefert, dass der Conte Negroni seinen Americano – ebenfalls ein Klassiker – bei Barkeeper Fosco Scarelli »un po' più forte« bestellte. Für dieses »ein bisschen stärker« füllte Scarelli den Drink mit Gin statt Soda auf. Der Negroni war geboren.

Gutes trinken und gutes tun

Dass es unendlich viele kreative Variationen des Klassikers zu entdecken gibt, hat Campari zur Einführung der weltweiten Charity-Aktion »Negroni Week« inspiriert. Während einer Woche im Frühsommer spenden teilnehmende Bars für jeden gemixten Negroni-Drink einen Betrag x an eine soziale Einrichtung ihrer Wahl. Anfang Juni 2016 etwa standen in über 500 Bars deutschlandweit alle Zeichen auf Negroni. Hunderttausende Gäste, Kenner und Feinschmecker entdecken unzählige neue Varianten – und nehmen Inspirationen für ihr Home-Mixing und ihre Partys mit nach Hause.

»A BISSERL DOLCE VITA GEHT IMMER«

EIN BAYER MIT ITALIENISCHEN WURZELN, ZU 100 PROZENT »FATTO A MANO« – HANDGEMACHT

Text **FRANZISKA KLÜN**

VIER FREUNDE UND EINE IDEE

Sommer 2011. Vier Freunde aus Kindertagen, alle Anfang 30, sind auf Segeltour vor der kroatischen Küste unterwegs. Sie haben sich ewig nicht gesehen, sehen sich sowieso viel zu selten. Beim frühabendlichen Aperitif überlegen sie, wie sie das ändern könnten. Etwas zusammen machen müsste man, ein Projekt, ein Hobby, eine kleine Unternehmung. Da erzählt der eine, Maximilian Schweisfurth, von seinem Großvater Hans Schnitzer und dessen Brennerei in Traunstein in den Chiemgauer Voralpen. Seit 1850 werden dort Liköre und Brände hergestellt, zuletzt jedoch immer weniger, die Nachfolgefrage ist ungeklärt – eine Brennerei im Dornröschenschlaf also. Ein anderer in der Runde weiß, welch ein Juwel ein solches Brennrecht ist. »Und dass dieses verfällt, wenn man es nicht nutzt«, sagt Pfeufer. »Ein Brennrecht kann man ja nicht neu kaufen, das liegt auf einer Immobilie und ist dann einfach weg.«

AMARO MONDINO – »KLEINE WELT«

Zurück in der bayerischen Heimat, setzen sich die Freunde als Erstes mit Großvater Hans Schnitzer an dessen Küchentisch und überlegen, was man mit dessen Juwel alles anstellen könnte. Irgendwann holt der mittlerweile 81-Jährige ein altes Rezept aus dem Schrank. Er hat es in den 60er-Jahren während seiner Lehrzeit aus Italien mitgebracht. Ein Rezept für einen Amaro, mit dem er bislang nur Freunde und Familie verköstigt hat. Ein Amaro ist die beliebte italienische Variante des Bitterlikörs, zu dessen berühmtesten Vertretern wohl der Ramazzotti, Averna und Campari gehören. Die vier Freunde tauften ihren Amaro »Mondino«, »weil es übersetzt ›kleine Welt‹ bedeutet und der Name die geschmackliche Komplexität des Aperitifs zum Ausdruck bringt«, erklärt Pfeufer. Der Mondino kommt weniger bitter und etwas fruchtiger daher als die meisten anderen seiner Gattung. Klassisch wird ein Amaro ganz schlicht als Aperitif »on the rocks« genossen.

ITALIENISCHE LEBENSFREUDE UND BAYERISCHE HANDWERKSKUNST

Am Traunsteiner Küchentisch sind die vier Freunde auf Anhieb begeistert: italienische Lebensfreude gepaart mit bayerischer Handwerkskunst – was für eine zeitgemäße wie zeitlose Kombination! Benedikt Pfeufer, der Inhaber einer Branding-Agentur ist, sagt: »Es gibt heute ein größeres Bewusstsein für ehrliche, handgemachte Produkte, jedoch findet man im Spirituosen-Bereich kaum lokal produzierte Bio-Erzeugnisse.« Auch die anderen drei – sein Bruder Florian Pfeufer, mit dem er die Agentur gemeinsam leitet, Maximilian Schweisfurth, der als Weinvertreter tätig ist, und der Architekt Ferdinand Sauerbruch – sind überzeugt: Der Amaro wird's. Ganze Nächte verbringen sie nun in Großvater Hans' Küche, bis sie die Rezeptur nach ihren Vorstellungen verfeinert haben. Die Zutaten und die Herstellungsweise bleiben am Ende fast gleich.

Nach wie vor verleiht gelber Enzian dem Mondino eine dezent herbe Note, frischer Rhabarber und Bitterorangen, auch Arancia Amara genannt, bestimmen den fruchtigen Geschmack. Die Orangen stammen größtenteils von der Amalfiküste, die Heilpflanze und der Rhabarber aus Bayern. Hibiskuskräuter steuern die Farbe bei. Produziert wird von Hand

und in großen Holzfässern. Die in den nächtlichen Sitzungen ausgefeilte Kräutermischung wird in wie riesige Teebeutel anmutende Leinensäcke gepackt, fünf bis sechs pro Fass. 80 Grad heißes Wasser wird darauf gegossen, damit sich die Geschmacksstoffe lösen. Sobald das Gemisch am nächsten Tag abgekühlt ist, kommt der 96 Prozent starke, extrem feine Alkohol dazu, der die restlichen Aromen aus den Beuteln zieht und an sich bindet. Die zunächst trübe Flüssigkeit muss dann geklärt werden, anschließend kommt der Frucht- und zusätzlich Zuckersirup dazu. »Weil alles bio ist und wir keine künstlichen Farbstoffe hinzugeben, variiert die Farbe mitunter«, sagt Pfeufer. »Es lässt sich nicht ganz vermeiden, dass im Supermarkt neben einer dunkelroten Flasche Mondino auch mal eine etwas weniger dunkle steht.«

AUS LIEBE
ZUR SCHNAPSIDEE

Geschadet hat die Varianz in der Farbgebung bislang nicht. Die bayerische Amaro-Edelversion kommt an – nördlich wie südlich der Alpen. Immer mehr Supermärkte, Bioläden, Fachgeschäfte, Bars und Restaurants führen sie. Um die 30 000 Flaschen produzierte die Brennerei Schnitzer 2015, mittlerweile ist Mondino in acht Ländern vertreten, vor allem die gehobene Gastronomie ist ein guter Kunde. Derzeit tüfteln die Mondino-Macher gemeinsam mit Großvater Hans an weiteren Rezepturen. Benedikt Pfeufer, der mittlerweile seine Anteile an seiner Branding-Agentur verkauft hat und sich vollkommen auf die Brennerei konzentriert, sagt: »Irgendwann mussten wir uns entscheiden: Machen wir es richtig, oder bleibt die Schnapsidee ein exklusives Hobby?« Und eine Schnapsidee ganz ernsthaft umsetzen – wer könnte da widerstehen?

MONDINO STILECHT GENIESSEN

SPRITZ

Mondino mit Vino Frizzante mischen und mit einer Orangenscheibe garnieren.

MONDINO TONIC

Mondino auf Eis mit Tonic Water aufgießen, dazu eine Zitronenscheibe und einen Rosmarinzweig geben.

LEMONADE

3 cl Mondino mischen mit 1 cl Gin, 1,5 cl frischem Limettensaft und Zitronenlimonade, dazu kommen eine Gurken- und eine Zitronenscheibe und etwas Minze.

DIE AUTORIN

Ähnlich wie die Mondino-Macher liebt auch Franziska Klün Schnapsideen und ist von deren Erfolgschancen überzeugt. Die freie Journalistin meint, sich zu erinnern, dass auch beim ersten Gespräch über ihr eigenes neues Online-Magazin ysso.de etwas Hochprozentiges im Spiel war ...

JÄGERMEISTERLICH!

EINE BEGEGNUNG MIT DEN »MASTERS OF HERBALS« DR. BERNDT FINKE UND NILS BOESE

Interview **THOMAS VAN LAAK** Fotos **JANKO WOLTERSMANN**

Dr. Berndt Finke

56 natürliche Zutaten, wie Kräuter, Blüten und Wurzeln, 383 Kontrollen – Jägermeister investiert enorm viel in die Qualität seines Traditionserzeugnisses. Auch hier die Herausforderung: dem Image der Marke zu noch mehr Premium verhelfen.

Damit das gelingt, wendet sich das Unternehmen den Top-Barkeepern in Deutschland zu. Die Botschaft: Jägermeister ist mehr als ein Party-Shot. Mit dem Likör aus Wolfenbüttel lassen sich die exquisitesten Drinks veredeln.

Dr. Berndt Finke wacht seit mehr als zwölf Jahren über die Qualität des berühmten Kräuterlikörs made in Wolfenbüttel. Dabei hat der Ernährungswissenschaftler den ganzen Prozess im Blick: vom Einkauf der erlesenen Kräuter über ihre exakte Mischung bis zur Mazeration – einem traditionellen Extraktionsverfahren im Kaltzustand.

Nils Boese hat als Autodidakt hinter der Bar begonnen und es an die Spitze der Cocktail-Szene in Deutschland geschafft. In seiner Bar Manhattan in Hildesheim mixt er seit 1999 aus einer mächtigen Auswahl von mehr als 650 Spirituosen jeden erdenklichen Cocktail. Für Jägermeister ist er seit mehr als sechs Jahren als Markenbotschafter unterwegs.

HERR DR. FINKE, WELCHE KRÄUTER SIND EIGENTLICH DRIN IM JÄGERMEISTER?

Dr. Berndt Finke: Unglaublich viele: Elf der 56 Kräuter sind kein Geheimnis, zum Beispiel Sternanis, Ingwer, Zimt oder Apfelsinenschale als Hauptgeschmacksträger. Jedes einzelne Kraut kann man aber nicht herausschmecken. Das ist ein kompliziertes und fein ausbalanciertes Wechselspiel.

WO WIRD DAS REZEPT VERWAHRT?

In einem Tresor in meinem Büro. Nur fünf Leute kennen es.

WANN HABEN SIE DIE REZEPTUR ZULETZT GEÄNDERT?

Nie! Wir nutzen das Original von 1934. Curt Mast hat damals eine Rezeptur komponiert, die sehr harmonisch und gut ausbalanciert ist. Deshalb schmeckt sie auch so vielen Menschen.

WIE KOMMEN SIE AN DIE KRÄUTER?

Wir beziehen sie über Händler oder auch direkt, zum Beispiel Gewürznelken aus Sansibar in exzellenter Qualität. Unser Produktionsprozess ist sehr aufwendig, weil wir nicht einfach Mischungen einkaufen, sondern die Rohwaren einzeln beschaffen und qualitativ überprüfen.

WIE LÄUFT DIE HERSTELLUNG AB?

Wir extrahieren die Kräuter in einem besonders schonenden traditionellen Verfahren, der Mazeration. So entstehen Mischungen, die wir in alten Eichenholzfässern lagern. Hier können sich die Mazerate am besten zu einem Grundstoff vermählen. Dieser wird übrigens ausschließlich in Wolfenbüttel produziert. Er ist das Herzstück von Jägermeister.

WISSEN IHRE KUNDEN DIE QUALITÄT ÜBERHAUPT ZU WÜRDIGEN? JÄGERMEISTER WIRD DOCH HÄUFIG AUF PARTYS GETRUNKEN …

Das stimmt. Es ist kaum bekannt, wie viel wir für die Qualität tun und wie sehr wir uns dabei von den anderen Herstellern absetzen. Das finden wir auch bedauerlich. Aber das Image wandelt sich. In unserer Außendarstellung rücken wir die Qualität immer mehr in den Vordergrund. Unsere Kunden sollen wissen: Jägermeister ist mehr als ein Party-Shot.

HIER KOMMEN SIE INS SPIEL, HERR BOESE. BESCHREIBEN SIE DOCH MAL DAS GESCHMACKSERLEBNIS VON JÄGERMEISTER!

Nils Boese

Nils Boese: Man hat auf der Zunge erst ein bisschen Zucker, der aber schnell weg ist. Dann eröffnet sich das diffus Herbal-aromatische. Und mit einer beginnenden sehr sanften Süße kommt dann dieses Lebkuchenartige mit einer Bitternis. Dann schluckt man und hat keine alkoholische Schärfe, sondern diese Wurzelschärfe. Kein Brennen, sondern eine warme Umarmung. Und das Tolle daran: Ist das Glas getrunken, bleibt nichts Störendes. Die Mundhöhle ist frisch, alles sauber. Und für diese Wirkung ist der Digestif ja ursprünglich gemacht worden!

WAS HAT JÄGERMEISTER DANN IN DER BARKEEPER-SZENE ZU SUCHEN?

Als Shot-Getränk ist Jägermeister zwar ein großer Umsatzbringer und der Treibstoff für viele tolle Festivals. Mit dem Thema Drink erreichen wir aber Menschen in einer anderen Lebensphase, die mehr Wert auf Qualität legen. Ein gut gemachter Drink ist etwas ganz Exklusives. Deshalb sind wir an die Barkeeper herangetreten, obwohl die am Anfang gar keinen Bock auf uns hatten. Aber wenn ich die 25 Entscheider in der Barszene immer wieder anspreche und zum Beispiel mit dem Bar-Team vom Ritz Carlton

Berlin einen Drink mit Sandelholz und Jägermeister kreiere – dann haben wir das Ding nach oben katapultiert. Man kann Jägermeister in alle Drinks mixen, die einen Bitter brauchen. Es gibt zurzeit noch nicht so viele Rezepturen, aber wir probieren viel zusammen mit den Barkeepern aus, zum Beispiel eine Mai-Tai-Variante oder Pretty Amber!

WORAUF ACHTEN SIE BEIM MIXEN?

Ich probiere, gewisse Aromen hervorzuheben oder zu unterdrücken. Was vorher als leicht bitter, etwas süß wahrgenommen wurde, kann ich auch in eine andere Richtung bringen, die den Barkeeper überrascht: Das war ein Drink mit Jägermeister? Der schmeckt ja plötzlich nach Lavendel! Um solche Erlebnisse geht es.

WAS UNTERSCHEIDET JÄGERMEISTER VON ANDEREN KRÄUTERLIKÖREN?

Jägermeister ist komplex, harmonisch, ausbalanciert. Italienische Bitter dagegen polarisieren mehr. Wenn ein Geschmack wie ein Pfeiler rauskommt – Vanille, Grapefruit oder Kirsche –, ist das zwar spektakulär, es wird aber auch schnell langweilig. Jägermeister hat die goldene Mitte. Deshalb sind wir auch nicht so anfällig bei Getränkemoden: Wodka wird stärker, Whisky geht runter? Uns egal, die Erfolgsgeschichte von Jägermeister geht weiter!

DER AUTOR

Thomas van Laak verbindet mit Jägermeister vor allem Trikotwerbung, Musikpromotion und originelles Marketing. In Wolfenbüttel hat ihn überrascht, mit welcher Ruhe und welchem Ernst man die Produktion dort betreibt.

DER FOTOGRAF

Janko Woltersmann hat schon in den späten Achtzigern – auf einer Streugutkiste sitzend – an der Copacabana von Linden/Hannover seine ersten Jägermeister genossen. Jetzt gilt seine Liebe dem Pretty Amber von Nils Boese.

7 x 7

EIN KLEINES EINMALEINS ZU EHREN DER GLORREICHEN SIEBEN

Text **DORTHE MARCH**

Kaum ein anderer Kräuterlikör vereint eine wirklich lange, wechselvolle Geschichte und eine oft an Verehrung grenzende Beliebtheit bei Bartendern so, wie der Chartreuse. Hergestellt werden der grüne Klassiker, der Chartreuse Verte, und verschiedene weitere Spezialitäten von französischen Kartäuser-Mönchen. Stille, Gebete, Meditation und Einsamkeit prägen das Leben in der Großen Kartause – La Grande Chartreuse – bei Grenoble. Das Wappen des Ordens, die Kugel mit dem Kreuz, ziert jede Flasche und symbolisiert dessen Wahlspruch: »Das Kreuz steht fest, während die Welt sich dreht«. Zudem prangen auf mancher Rarität aus der Großen Kartause sieben Sterne – einer für jeden Gründer des Ordens. Zu Ehren dieser glorreichen Sieben sind wir den sieben spannendsten Geschichten, Fakten und Rezepten rund um den Chartreuse nachgegangen.

DIE ZAHL 7

Die sieben Sterne stehen für die sieben Gründer des Ordens. Der größte verweist auf den Heiligen Bruno von Köln: Als der Dekan der Universität zu Reims im Jahre 1084 beschloss, sein weltliches gegen ein Leben im Kloster einzutauschen, wanderte er mit sechs Kameraden quer durch Frankreich bis nach Grenoble. Der Bischof der Region erkannte in der Gesellschaft die Erfüllung eines Traums, den er jüngst hatte: Sieben Sterne seien über den einsamen Bergen der Chartreuse niedergesunken. Er führte die Männer an den abgeschiedenen Ort, wo sie den Kartäuser-Orden gründeten. Außerdem heißt es, die göttliche Zahl – Stichworte sieben Sakramente oder die sieben Todsünden – verweise auch auf die sieben verschiedenen Herangehensweisen der Mönche zur Bearbeitung der geheimen Zutaten.

DIE KENNZAHL
1605

Achtung, Geschichte! Im Jahre 1605 erhielten Kartäuser-Mönche ein rätselhaftes Schriftstück unbekannter Herkunft von François-Annibal d'Estrées, dem Marschall des damaligen Königs Henry IV. Überliefert ist, dass die Schrift das Rezept für das »Elixier des langen Lebens« enthalten habe. Knapp 130 Jahre vergingen jedoch, bis man die Rezeptur entschlüsseln konnte und die Kartäuser das »Élixir Végétal« 1737 zum ersten Mal brannten. Aus dem Ur-Likör entstand dann noch einmal knapp 70 Jahre später der mildere, 55-prozentige, heute als Chartreuse Verte bekannte grüne Kräuterlikör. Das Manuskript aus dem Jahre 1605 wird alljährlich am Chartreuse-Tag gefeiert. Datum: 16. Mai. Im Jahre 2005 legten die Mönche zum 400-jährigen Geburtstag außerdem den 1605 auf: eine etwas kräftigere und trockenere Alternative zum Chartreuse Verte.

ALLES SO SCHÖN
GRÜN HIER …

Wie sagt Regie-Gott Quentin Tarantino in der Rolle des Barkeepers Warren so schön in seinem Film *Death Proof* von 2007: »Is that a tasty beverage or is that a tasty beverage?« Getrunken wird: »Chartreuse – the only liqueur so good they named a color after it.« Die Story um einen psychopathischen Killer, der es auf trinkfreudige Mädels-Truppen abgesehen hat, gehört zwar nicht unbedingt in die Tarantino-Top-Ten. Aber die Chartreuse-Szene ist bezeichnend – und wahr: Die Farbe Chartreuse ist eine Mischung zwischen Gelb und Grün. Zudem ist Chartreuse Verte der einzige Likör weltweit, dessen grüne Farbe einen vollkommen natürlichen Ursprung hat. Nicht verwunderlich, dass ihm auch die Bluesrocker von *ZZ Top* einen eigenen Song widmeten. In *Chartreuse* von 2012 singen sie: »You got the color that turns me loose.«

... UND EIN BISSCHEN GELB

Chartreuse Verte ist der mit Abstand gängigste Likör der Kartäuser. Wer es etwas milder und süßer mag, bestellt jedoch Chartreuse Jaune – den gelben Chartreuse mit 40 Prozent Alkoholgehalt. Er wurde 1838 erstmals produziert. Selbstredend ist auch die Farbe des Chartreuse Jaune natürlichen Ursprungs. Ein weißer Chartreuse hingegen – zwei Mal im 19. Jahrhundert produziert – hat sich nicht durchsetzen können.

DIE GEHEIME REZEPTUR

Seit jeher wurde die Rezeptur des geistreichen Tropfens geheim gehalten. Sicher ist, dass die Kartäuser ihren Chartreuse Verte aus dem »Élixir Végétal de la Grande Chartreuse« entwickelten, der bis heute mit einem Alkoholgehalt von 69 Prozent hergestellt wird. Seit 1605 kennen immer lediglich zwei Mönche der Großen Kartause das Geheimnis der Herstellung, die exakte Mischung der 130 Kräuter, Gewürze und Blüten für Chartreuse Verte und die korrekte Lagerungszeit in 220 Eichenholzfässern – für ein so komplexes, harmonisches Gefüge, dass es selbst modernen Analyseinstrumenten bisher nicht gelungen ist, die Komposition zu entschlüsseln.

DER BARKEEPER SPRICHT

Uwe Christiansen ist so etwas wie der Erfinder der klassischen Cocktailbar. Mitten in Hamburg-St. Pauli, zwischen Fischmarkt und Reeperbahn, betreibt er seit fast 20 Jahren das Christiansen's – eine Bank, wenn es um gepflegte Getränke geht. »Ich bin jetzt schon seit gut 35 Jahren professioneller Barkeeper, und es gibt Produkte, die einen von Anfang an begleiten, wenn sie auch nicht immer im Fokus stehen. Genauso eines ist Chartreuse«, sagt Christiansen. Zudem war der grüne Franzose lange Zeit so etwas wie das Insider-Getränk der Thekenmannschaft, auch »Barkeeper's Handshake« genannt: »Nie vergesse ich meinen ersten Job als Barkeeper in Kapstadt, wo es ein Ritual war, einen Chartreuse Verte zu trinken, wenn Gäste eine Runde spendierten oder wir einfach ein Ventil brauchten, um Dampf abzulassen.« Seitdem weiß er, was das Zeug kann: »Chartreuse Verte ist stark – ein männlicher Likör, trotzdem angenehm schmackhaft – und macht den Kopf frei!«

IN MEDIAS RES: DIE BESTEN REZEPTE

»Mein erster Cocktail mit Chartreuse war der Alaska: Gin, Chartreuse Jaune und Orange Bitters«, erzählt Christiansen hinter seiner Bar. »Ich hab ihn später in meiner ersten eigenen Bar 1997 auf die Barkarte geschrieben und ihn gern auf Crushed Ice serviert – das kam in den Neunzigern in Mode. Später, als Limettensaft modern wurde, kam der Last Word dazu: Gin, Chartreuse Verte, Maraschino, Limettensaft.« Apropos Zeitgeist – Christiansens »Last Word«: »Chartreuse ist ein Klassiker, der sicherlich einen Weckruf verdient … und wenn ich mir heute so die junge Garde anschaue, dann wird der Chartreuse immer mehr in ihren neuen Kreationen zu finden sein. Ich glaube, er kommt gerade wieder in Mode!«

CHARTREUSE TONIC

5 cl Chartreuse Verte (oder Chartreuse 1605)

12–15 cl Tonic Water

Glas: Longdrinkglas

Garnitur: Limettenschnitz

Zubereitung: Glas mit Eiswürfeln befüllen. Chartreuse und Tonic eingießen und mit dem Limettenschnitz garnieren.

BIJOU

2 cl Gin

2 cl Chartreuse Verte

2 cl Wermut, süß

1 Spritzer Orange Bitter, z. B. Angostura

Glas: Cocktailschale

Garnitur: Grüne Olive, Zitronenschale

Zubereitung: Alle Zutaten in einem Shaker mit Eiswürfeln kräftig schütteln bzw. in einem Mixglas mit Eiswürfeln umrühren und in eine gekühlte Cocktailschale abseihen. Danach mit der Olive und Zitronenschale garnieren.

LAST WORD

2 cl Gin

2 cl Chartreuse Verte

2 cl Maraschinolikör (Luxardo)

2 cl Limettensaft

Glas: Cocktailschale

Zubereitung: Alle Zutaten in einem Shaker mit Eiswürfeln kräftig schütteln. In eine vorgekühlte Cocktailschale abseihen.

PATINA VOM FASS

ANGERANZT IST ANGESAGT: BARCELONAS WERMUTBARS ERLEBEN EINE RENAISSANCE

Text **CHRISTIAN THIELE** Fotos **CHRISTIANE VON ENZBERG**

Man könnte jetzt am Hafen entlangspazieren. Man könnte an irgendeiner Avenida im Café sitzen und sich die Sonne ins Gesicht scheinen lassen. Man könnte in jedem Fall einen Haufen aktivere, gesündere, vernünftigere Dinge an diesem strahlenden Samstagmittag in Barcelona tun, als in der düsteren Bar eines Krisenopfers herumzusitzen und zu hustensaftähnlichem Alkohol Chips mit Soße zu essen.

FER EL VERMUT – DEN WERMUT MACHEN, DAS IST EINE TRADITION IN BARCELONA

Aber die Bar Salvat ist voll. Ein paar Dutzend Frauen, Männer, Mütter, Väter, Großmütter, Großväter, im Schlepptau Kinder mitsamt ihren Spielzeugdinosauriern, sitzen hier eng an eng und offensichtlich freiwillig. Sie sitzen hier schon eine Weile und kommen, sagt der Barbesitzer, auch jeden Samstag wieder. Dass die Bar Salvat ein bisschen angeranzt aussieht, stört niemanden. Im Gegenteil: Ihre Sorte Patina ist angesagt – nicht nur hier, sondern auch in einer Reihe ähnlicher Kneipen und Bodegas. Orte, an denen jetzt ausgerechnet der Wermut*, dieser Opa-Trunk, seinen zweiten Frühling erlebt.

Fer el vermut, »den Wermut machen«, das ist eine Tradition in Barcelona. Dabei muss man, um den Wermut zu machen, gar nicht unbedingt Wermut bestellen – solange man auf einen Aperitif mit Freunden oder der Familie zusammenkommt, vornehmlich am Wochenende und vornehmlich an Orten, die dafür besonders geeignet sind. Was dann im Einzelnen beim Fer el vermut im Mittelpunkt steht – das Getränk selbst oder das soziale Ritual oder das stilechte Lo-

Wermut ist streng genommen kein Schnaps oder Likör, sondern ein mit Gewürzen und Kräutern aromatisierter und mit Alkohol angereicherter Wein.

kal –, das wird im Zweifelsfall spontan entschieden. Auch in der Bar Salvat im alten Arbeiterviertel Sants. Holzfässer unter der Decke, bunt glasierte Kacheln an der Wand, links neben dem Tresen ein Kühlschrank mit hölzernen Schließtüren – so groß, dass man notfalls eine Leiche darin verstecken könnte. »Uns gibt es seit 1880!«, sagt Jordi stolz, »das hier ist die älteste noch existierende Bar in Barcelona!« Er löffelt mit der Rechten ein paar Oliven auf einen Teller, kassiert mit der Linken einen Gast ab und schafft es irgendwie auch noch, nebenbei einen Wermut aus dem Zapfhahn an der Wand laufen zu lassen.

Jordi schmeißt die Bodega seit knapp zwei Jahren. Vorher hatte er in der Bauindustrie gearbeitet, einst eine Boombranche – »aber die ist ja jetzt in ganz Spanien am Arsch«. Die Altbesitzer der Salvat wollten in Rente gehen und suchten einen Nachfolger, der ihren Eckladen übernehmen und nicht zu viel daran ändern würde. Dafür hatte Jordi eh kein Geld, und außerdem wollte er keine weitere jener überstylten Bars, von denen Barcelona sowieso zu viele hat. Also ließ er fast alles beim Alten. Dem Stammpublikum gefiel's. Aber inzwischen kommen auch Menschen in den Dreißigern mit weinroten Cordhosen, Glatze-und-Bart-Frisuren, schwarzen Ich-weiß-was-angesagt-ist-Brillen – und nicht mehr nur deren Opas und Omas.

ES IST WIEDER COOL, DEN WERMUT ZU MACHEN

»Es ist plötzlich wieder cool geworden, den Wermut zu machen«, erzählt Josep Lluis Cots. Wir treffen ihn am Abend für eine Sauf- beziehungsweise Wermut-Erkundungstour in der Montse, einer Bar im Immigrantenviertel Raval. Josep hat die weißen Haare, wie sie zu einem Mann von 73 Jahren passen. Aber hört man ihn 30 Sekunden über seinen, äh: Beruf reden, über die Bildhauerei, das Geblogge, das Twittern, die Pläne für den Olivenanbau, die Ölmühle und das Bierbrauen und allerlei Projekte mehr, dann geht er auch für ein paar Jahrzehnte jünger durch.

DIE VERTEIDIGUNG ANGESTAMMTER ECKKNEIPEN

Josep ist so etwas wie der Elder Statesman der Wermutmode in Barcelona. Er hat ein »Moviment de Defensa de les Bodegues de Barri« gegründet, eine »Bewegung zur Verteidigung angestammter Eckkneipen«. Dazu hat er einen Dekalog für die mustergültige Einrichtung und Führung von Wermutbars aufgestellt. Alle paar Monate veranstaltet er Schnitzeljagden im Namen der »Front zur Befreiung alkoholkranker Gartenzwerge«.

Seiner Frau erklärt er immer, dass er abends loszieht, weil er Bars testen und die Berichte ins Internet stellen müsse. Ihren Glauben, dass daraus das nächste Google und aus ihm ein Internetmillionär wird, habe sie inzwischen aufgegeben, sagt Josep.

Ziemlich unbestritten ist er jedenfalls einer der kultiviertesten und schrägsten Freizeittrinker von Barcelona. »In meiner Kindheit gab es 200 echte Bodegas in der Stadt, heute sind es vielleicht noch 50. Und um die müssen wir uns kümmern, die sind Teil unseres kulturellen Erbes«, sagt er und greift nach dem Bastkörbchen am Tresen, sodass die folgenden Sätze im Kartoffelchipsgewitter untergehen.

EINE HÖCHST WÜRDEVOLL GEALTERTE WERMUTBAR

Bar, Bodega, Bar-Bodega, Bodega-Bar, Vermutería: Die Orte zum Wermutmachen heißen nicht nur unterschiedlich, sie dienen auch unterschiedlichen Zwecken. Manche verkaufen den Leuten tatsächlich noch ganz klassisch den Wein vom Fass und füllen mitgebrachte Karaffen und Kleinkanister für den Hausgebrauch ab. Manche erinnern eher an einen Berliner Späti, bis oben vollgestellt mit Flaschen. Manche sind aber auch so hip aufgemacht, als hätte man

sie aus einer *Wallpaper*-Anzeige nachgebastelt.

JEDE BAR HAT IHRE EIGENE, WOHLBEGRÜNDETE VARIANTE

Josep findet: Losgehen muss eine Wermut-Tour genau hier, in der Bar Montse im Raval, dem einstigen Messerstecher- und Huren-Viertel. Auf umgedrehten Rioja-Fässern stehen halbleere Gläser. Von der Wand krächzt ein Kassettenradio. Über Regalen voll tiefschwarzer Flaschen mit vergilbten Etiketten hängen Spinnwebschleier – ein Staubwedel wurde hier zum letzten Mal eher vor als nach der Entdeckung Amerikas gesichtet.

Für Josep ist die Bodega – mit ihrem buckligen Wirt, den Holzkühlschranktüren, den Weinfässern und den vergilbten Stierkampfplakaten – der Archetyp einer auf höchst würdevolle Weise gealterten Wermutbar.

Auch La Bodega d'en Rubén, nur ein paar Straßen weiter, ist so ein Original, in dem gut und gern schon Joseps Eltern und vielleicht auch seine Großeltern ihren Wermut getrunken haben könnten. »Con amargante?«, fragt der Wirt, mit Bitterstoff? – und kippt, ohne die Antwort abzuwarten, einen Spritzer Angostura ins Glas. Der Amargante kontert die klebrige Süße des Wermuts und ist nur eine von zahlreichen Varianten zur Geschmacksjustierung. Eis und Olive. Eis ohne Olive. Kein Eis, aber Olive. Eis, Olive und Zitronenschnitz. Eis, Olive und Orangenschnitz. Olive, Zitronenschnitz, aber kein Eis. Kein Eis, keine Olive, kein Zitronenschnitz – aber Soda aus dem Syphon. Eis, Soda, Olive … und so weiter: Jede Bar hat ihre eigene, wohlbegründete Variante, wie sie der süßen Basis des Traditionsdrinks beikommt.

Rubén hat seine Bar in der einzigen Straße von Barcelonas Innenstadt, aus der die Polizei die Nutten nicht vertrieben hat. Immer wieder spaziert eine der Damen herein, holt sich mit einem kurzen Augenzwinkern die Erlaubnis zur Benutzung der Toilette oder tschilpt dem grünen Kanarienvogel ein paar Silben zu. Chips, Oliven und Sardinen, notfalls aus der Dose, das hat jede Wermutbar im Angebot. Bei Rubén liegen neben den Konservenwaren noch ein paar Austern in der Auslage – das ist, als hätte ein Import-Export-Geschäft im Bahnhofsviertel zwischen Elektronik- und Uhrenplunder Cartier-Schmuck in der Vitrine. »Ist wegen der Mädels«, erläutert Josep, »genauer gesagt: wegen ihrer ältlichen Freier. Die glauben, dass es ihnen mit den Austern leichter fällt …« Die eigentliche Wermutstunde ist am Mittag, am Sonntagmittag genauer gesagt, nach der Messe, vor dem rituellen Familienessen. Heute sind die Koordinaten längst nicht mehr so klar – wer geht schon noch in die Kirche? Und so nachlässig, wie man inzwischen den Stundenplan behandelt, geht man im Grunde auch mit dem Getränk an sich um. Kaum jemand macht aus dem mit Zucker und Kräutern versetzten Wein, den Turiner Apotheker einst als Heilmittel erfanden und der von italienischen Immigranten im 19. Jahrhundert auch in Katalonien eingeführt wurde, eine Wissenschaft für sich. Es gibt nur wenige Bars, die verschiedene Marken anbieten. Kein Mensch fragt beim Wermut nach dem Jahrgang oder der Provenienz. »Viele trinken Cola, Bier oder Wein, während sie ihren Wermut machen«, sagt Josep.

KEIN MENSCH FRAGT BEIM WERMUT NACH DEM JAHRGANG

Der Abend nimmt seinen Lauf. Wir landen in der Bodega de Quimet in Gràcia, Barcelonas verwinkeltem Alternativviertel oberhalb der eigentlichen Altstadt, in dem die Gentrifizierung munter voranschreitet. Josep wird vom Barmann, der sein Enkel sein könnte, mit Küsschen links und Küsschen rechts begrüßt. Der hat den Laden zusammen mit seinem Bruder von den ehemaligen Wirten übernommen, die seine Großeltern sein könnten. Wie früher sind die

Weinpreise mit Kreide auf die Fässer gekritzelt. Das Publikum allerdings ist fast jugendlich aufgekratzt und wogt hin und her über den alten Steinfußboden. Längst nicht alle haben Wermut in der Hand – aber doch eine ganze Menge. Ein Glas vom Fass kostet kaum irgendwo mehr als eineinhalb oder zwei Euro und ist damit billiger als die meisten anderen Getränke. »Die Krise hat uns eher geholfen«, sagt Carlos, der Barmann: »Man geht heute nicht mehr so viel ins Restaurant, auf ein richtiges Essen. Aber die paar Euro für den Wermut und ein paar Tapas, die gönnt man sich dann doch.« Josep sagt, mit Blick auf eine lustig-laute studentische Frauenrunde: »Wir Männer sollten ein bisschen weniger trinken, dafür die Frauen ein bisschen mehr – dann würden wir uns alle viel besser verstehen!« Der eine drängelt sich aufs Klo, der nächste von ebendort zurück, die eine will zu ihren Freunden ganz hinten im Eck, die andere kämpft sich zum Tresen und will bezahlen. Der Wermut ist eben ein soziales Ritual, deshalb gilt: Je voller, desto besser. Wer sich beim Wermutmachen nicht mindestens dreimal umgesetzt hat (»Hey, Xavier, komm noch dazu!«) oder sich beim Durchdrängeln zwischen Tresen, Tisch und Toilette nie einen blauen Fleck zugezogen hat (»Ver-

zeihung, darf ich gerade …«), der hat keinen Wermut gemacht.

In der Vermutería von heute steht eben nicht mehr der mehr oder weniger freundliche, mehr oder weniger schwerhörige Mann im Rentenalter hinter dem Zapfhahn. Sondern Leute wie Carlos in der Bodega de Quimet. Oder wie Marcel in der Mitja Vida.

»WIR HABEN UNS HIER AN DESIGN SCHIER BESOFFEN.«

Je höher Richtung Tibidabo, Richtung Hausberg, die Stadtviertel in Barcelona liegen, desto schicker. Und die Mitja-Vida-Bar ist recht weit oben. Roh verputzte Außenwände. Riesige Glasfenster. LED-Lichter, die von der Decke hängen. Selbst die Gäste schauen aus, als hätte man sie aus einem Hopper-Bild in die Bar hineinkopiert: Wenn die Montse oder Rubéns Bar die Original-, die Museums-Ausgaben einer Vermutería sind, dann ist die Mitja Vida die Wermutbar 3.0. Der Wermutnostalgiker Josep kann mit solchen Läden nicht viel anfangen. Und doch gehört Mitja-Vida-Chef Marcel mit seiner Bar dazu – auch ohne Marmortischchen und Leichenschauhauskühlschrank.

Und dafür, dass Marcel so großen Wert darauf legt, dass er nur »Ex-Designer« ist, scheint sein vermeintlich ehemaliger Beruf in der Gestaltung seiner Bar ganz schön durch. Hier ist alles reduziert, heruntergedimmt, klar. So würde Mies van der Rohe heute eine Bar einrichten. »Barcelona wurde überdesignt. Wir haben uns hier an Design – und an dem, was wir dafür hielten – schier besoffen«, sagt Marcel. Und reicht einem Kunden eine seiner selbst gestalteten Wermutflaschen in einer seiner selbst gestalteten Plastiktüten mit den selbst gestalteten Konservendosen über den Tresen. Marcel serviert einen Wermut – seine Formel: Eis, Zitrone, Olive – und sagt: »Der Wermut ist einfach in unserer DNA!« Er hat vor ein paar Jahren seinen Bodega-Blog *Morro Fi* aufgesetzt, das heißt so viel wie »Leckerschmecker«. Dann kam die erste eigene Bar, dann die zweite, dann die eigene Wermutmarke.

Tja, und was genau ist eigentlich die Bodega 1900? Ist sie die Rolls-Royce-Variante der Vermutería, weil sie das Getränk so ernst nimmt wie niemand anders? Oder macht sie aus dem Wermut nur ein Geschäftsmodell, unter Verrat der sozialen Praxis?

Weiß livrierte Kellner, die mit der Reservierungsliste in der Hand die Gäste begrüßen. Tapas-Köche, die den Jamón Ibérico mit der heiligen Ernsthaftigkeit einer gehirnchirurgischen Operation in quasi durchsichtige Streifen schneiden. Kellner, die die Chips so präzise in Reihe drapieren, als übten sie für einen Modellbauwettbewerb.

LOCATION NUMMER VIER DES GASTRO-IMPERIUMS

Albert, der Bruder von El-Bulli-Gründer Ferran Adrià, hat diese, na gut, nennen wir sie halt: Bodega, vor einem Jahr eröffnet, als Location Nummer vier seines Gastro-Imperiums. Wenn ein Adrià auf Wermut setzt, heißt das: Da steckt Geld drin. Pedro Asensio, der fuchsgesichtige, schmale Küchenchef, sagt: »Wir wollten einen Laden ohne große Pirouetten aufmachen, wo nur das Produkt zählt – unsere Variation einer Eckkneipe!« Eine Eckkneipe mit Reservierungsliste? Ein Wermut, neun Euro? Wo, wer Käse ordert, den »Manchego des Jahres« serviert bekommt? Wo die Ober mit einem Zinkeimerchen umherflitzen – in denen der Tischwischlappen versteckt wird? Eckkneipe? Na ja. Jedoch, das ist der Vorteil, holt man sich in der Bodega 1900 beim Drängeln um einen freien Platz an der Bar garantiert keine blauen Flecken. Dafür garantiert die Reservierungsliste.

DER AUTOR

Christian Thiele ist im Allgäu aufgewachsen und wurde dort überwiegend mit Weizenbier sozialisiert. Nach Stationen in Berlin, Paris und Buenos Aires lebt er jetzt mit seiner Familie in Garmisch-Partenkirchen und hofft, dass ihm seine Freunde dort irgendwann jenen Rucolagrappa verzeihen, den er vor ein paar Jahren aus einem abgelegenen italienischen Alpental mitbrachte.

DIE FOTOGRAFIN

Christiane von Enzberg arbeitet als freie Fotografin für renommierte Magazine weltweit und ist Dozentin an der Universitat Autònoma de Barcelona, wo sie seit 2002 mit ihren beiden Söhnen lebt. Sie sagt: »Seitdem ich hier wohne, möchte ich die sonntagmittäglichen Treffen mit meinen Freunden, um in meinem Viertel Poble Sec den Wermut zu machen, nicht missen.«

WAS IS'N DA DRIN?

FÜR UND GEGEN ALLES IST EIN KRAUT GEWACHSEN — DIE KRÄUTERGARTEN-ALL-TIME-CLASSICS IN DER ÜBERSICHT

Zusammengestellt von DORTHE MARCH

Selbstverständlich hütet jeder Destillateurmeister sein Likör- oder Schnapsrezept wie seinen Augapfel. Aber es gibt einige Ingredienzen – Drogen, wie die in Alkohol oder Wasser gelösten natürlichen Stoffe heißen –, die in vielen Produkten Verwendung finden. Eine kleine Kräuterkunde.

ANGELIKAWURZEL

Eine herausragende Heilerin ist sie, die Angelika. Die höchste Konzentration entgiftender Stoffe weisen ihre Wurzeln auf. Engelwurz – so Angelikas deutscher Name – ist magenwirksam, harntreibend, hustenlösend und entkrampfend. Wird die getrocknete Wurzel in Branntwein eingelegt, stärkt sie zudem den Kreislauf und die Leber. Letztgenannte muss schließlich auch stark sein, wenn Angelika in Likörform gereicht wird.

ENZIANWURZEL

Die von Barde Heino besungene blaue Blüte interessiert uns aus zweierlei Gründen nicht: Erstens wird für Arznei und Spirituosen traditionell die gelb blühende Variante *(Gentiana lutea)* verwendet. Und zweitens stecken die vielen wohltuenden Bitterstoffe in der Wurzel dieses in Frankreich, Spanien, Italien und auf dem Balkan heimischen Gebirgskrauts. Sie steigern sowohl den Speichelfluss als auch die Magensaftsekretion, weswegen Enzian vor allem bei Appetitlosigkeit oder Völlegefühl zum Einsatz kommt. Der Geschmack von Enzianwurzel ist zunächst süß, geht dann jedoch in eine intensive Bitterkeit über.

WERMUTKRAUT

Bitter, bitterer, Wermut: Mit seinem exorbitanten Wert gehört er zu den bittersten europäischen Heilpflanzen – lediglich der Enzian (links) kann da noch mithalten. Das Chlorophyll aus der Droge sorgt unter anderem dafür, dass Absinth so schön grün ist. Seine Farbe verweist zudem auf die Galle, die er in Schwung bringt.

INGWER

Der fleischige Wurzelstock des Ingwers duftet zitronenartig, das Harz Gingerol ist für die leicht beißende Schärfe im Geschmack verantwortlich. Die Zutat wirkt besonders verdauungsfördernd und appetitanregend; in der asiatischen Heilkunde und Küche nimmt sie seit Jahrtausenden eine zentrale Rolle ein. Spezialwissen am Rande: Ingwer von der Insel Jamaika soll besonders intensiv wirken.

KÜMMEL

Die Mittel- und Nordeuropäer setzen auf die kleinen, sichelförmigen sogenannten Teilfrüchte der Spaltfrüchte – mitnichten den Samen – des Echten Kümmels. Er prägt zum Beispiel den Geschmack von Aquavit – und natürlich aller reinen Kümmel wie Helbing. Seit jeher gilt Kümmel als das mit Abstand wirkungsvollste pflanzliche Mittel gegen Blähungen und Krämpfe im Magen-Darm-Bereich. Mit seinen beruhigend wirkenden ätherischen Ölen werden auch schon Bauchschmerzen bei Kindern behandelt. Ob als Gewürz im Essen – Stichwort Kohl – oder als Schnaps danach: Kümmel is king!

ZIMTRINDE

Weit entfernt vom gemeinen Zimtstern findet die Droge Verwendung in Likören: als Arznei gegen Magen-Darm-Beschwerden und Appetitlosigkeit. Erfahrene Destillateure verwenden die Zimtrinde in Maßen, um nicht bei jedem Glas eine weihnachtliche Stimmung heraufzubeschwören.

KORIANDERSAMEN

Die getrockneten Samen des Korianders haben mit dem seifigen Aroma, das sie während der Reife ausbilden, überhaupt nichts mehr zu tun. Sie sind stark würzig, brennend süß-aromatisch und geschmacklich dem Anis (links) und der Pomeranze (unten) ähnlich. Im menschlichen Körper unterstützen ihre sekundären Pflanzenstoffe Magen und Darm – und bekämpfen sogar antibiotikaresistente Infektionen.

ANISSAMEN

Die reifen, bis zu fünf Millimeter langen Samen – mitunter auch als Brotsamen oder Runder Fenchel bezeichnet – enthalten bis zu sechs Prozent ätherische Öle. Hauptsächlich ist das Anethol verantwortlich für den charakteristischen, sehr aromatischen Duft und den süßlich-würzigen Geschmack. Besonders viel Anis steckt in Raki, Ouzo, Pastis, Sambuca und Arrak. Doch auch bei sparsamerer Dosierung, als Teil von Kräutermischungen, wirkt er antibakteriell und hilft bei Husten und Blähungen. Zudem unterstützt er die Milchbildung – natürlich im Stilltee, nicht im Schnaps!

BITTERORANGE

Wer immer schon wissen wollte, was eigentlich eine Pomeranze ist, ist am Ziel angekommen – und irgendwo am Mittelmeer. Genutzt wird vorwiegend die dicke Schale der dunkelorangen Früchte: Ihr Bitterstoff Neohesperidin wirkt gleichermaßen ausgleichend und anregend.

DON'T CRY FOR ME FERNET-BRANCA

NATIONALGETRÄNKE VERSTEHEN – HEUTE: ARGENTINIEN

Liebe Dorthe,

Buenos Aires ist einfach toll. Ich bin mir sicher, dir würde es mindestens so gut gefallen wie mir. In den insgesamt vier Monaten, die ich zuletzt am Stück dort war, habe ich vor allem gelernt, mich vom argentinischen Lebensgefühl mitreißen zu lassen - und das als cabeza cuadrada, Quadratschädel, wie die Deutschen hier genannt werden. Egal, wo Menschen zusammenkommen: Essenziell ist das Thema Essen - gleich Fleisch, Fleisch und Fleisch in jedem Gang - ... und natürlich das Trinken! Jetzt sagst du: Ja, klar, auch wir beide lieben ja die kräftigen argentinischen Rotweine. Der typisch argentinische Ausgeh-Drink aber ist »Fernet con Coca«.

Fernet-Branca mit Coca-Cola also - der Freund, der mit auf jede Party kommt ... und am längsten bleibt. Deshalb heißt ein Glas Fernet auch Fernando, Fernandito oder Fernucho, ganz so wie eine echte Person. Bereits Ende des 19. Jahrhunderts hat dieser Schnaps in Argentinien seinen Siegeszug angetreten. Heute ist er das Nationalgetränk: Der Pro-Kopf-Verbrauch von zwei Flaschen pro Jahr spricht für sich. Zwei! Flaschen! pro! Jahr! jeder! Argentinier! Das sind mal eben schlappe 41 Millionen Leute. Einer davon: der argentinische Profigolfer Ángel Cabrera, der, nachdem er 2007 die US Open gewonnen hatte, öffentlich erklärte, dass er seinen Sieg mit Fernet con Coca begossen hat. Wenn nicht mal die feinen Golfer lieber Champagner trinken ...

Mitgebracht haben die Amaro- oder Bitter-Kultur übrigens die Italiener, eine der größten Einwanderergruppen. Und auch weit weg von zu Hause galt der Bitter ursprünglich als Medizin - um 1900 vor allem zur Heilung der sogenannten »Schmerzen des Herzens«, wird erzählt. Hört man einen Tango aus der Zeit, kann man sich den Grad der Dramatik, den das Leben nach Sonnenuntergang oft erreichte, sehr gut vorstellen ... Aber zurück: Der Mailänder Bernardino Branca, der sich die Pharmazie selbst beigebracht hatte, erfand den Schnaps bereits 1845. Da er schon dabei war, erfand er auch gleich einen medizinischen Berater, einen schwedischen Arzt namens Fernet - fertig ist der Produktname Fernet-Branca. Gemeinsam mit seinen Söhnen Luigi, Giuseppe und Stefano gründete er daraufhin das Unternehmen Fratelli (Gebrüder) Branca, das das Potenzial des Amaros auf argentinischem Boden wohl um das Jahr 1925 entdeckte. Damals wie heute ist Branca im Tangoland alternativlos: Andere Marken wie Porta, Vittone und seit Kurzem 1882 haben null Chance. Desgleichen kann für die Argentinier die koffeinhaltige Brause dazu nur Coca-Cola sein! Sie sagen: Solltest du jemals in eine Bar kommen und jemand stellt dir eine Pepsi neben den Fernet, steh auf und geh. Oder ändere deine Bestellung um in Bier oder Wein.

Ich hab dir aus Buenos Aires jetzt keine Flasche Fernet mitgebracht. Stattdessen bekommst du diesen Fast-live-Bericht aus den Bars von Buenos Aires – und das Original-Rezept für den perfekten Fernet con Coca. Du brauchst: ein Glas, drei Eiswürfel (mehr würden das Getränk im Lauf des Genusses zu stark verwässern), Fernet-Branca – und Coca-Cola. Auf etwa 30 cl Fernet kommt ungefähr ein Viertelliter braune Brause. Die Schnapsflasche nicht wegstellen, die musst du für die spezielle Endbearbeitung auf jeden Fall zur Hand haben! Eiswürfel ins Glas füllen, Fernet rein, Cola dazu – langsam! Erfreu dich an dem braunen, schokoladigen Schaum, der sich beim Eingießen im Glas bildet. Und dann kommt sie, die entscheidende argentinische Note: ¡Mátalo! Das bedeutet so viel wie »Töte ihn!« und beschreibt folgendes Prozedere: Kurz bevor der Schaum den Rand erreicht hat, werden noch ein paar Tropfen Fernet hinzugefügt. Und – Überraschung! –: Der Schaum hört auf zu steigen. Was auch sonst, er ist ja quasi getötet worden. Diese zusätzlichen Tropfen sind von wesentlicher Bedeutung. Sie geben dem ersten Schluck genau die Extra-Portion Bitterkeit, die die Argentinier so heiß lieben.

In diesem Sinn ¡Salud!
Deine Helen

PS: Vorsicht, wenn dir jemand
eine sogenannte Cabezón serviert:
In dieser Mischung steckt mehr
Fernet als Cola. Auf dessen Wirkung
verweist der Name: Cabezón bedeutet
so viel wie »dicker Kopf«.

Die Autorin

Die Freundinnen Helen Mahne und Dorthe March teilen nicht nur die Vorliebe für argentinischen Rotwein, sondern unter anderem auch einen Trockner: Sie wohnen im selben Haus auf Sankt Pauli. Zwischen dem 1. und 4. Obergeschoss ist immer Zeit für Alkoholverkostungen aller Art und Raum für die allerschönsten Mitbringsel von Reisen um die ganze Welt.

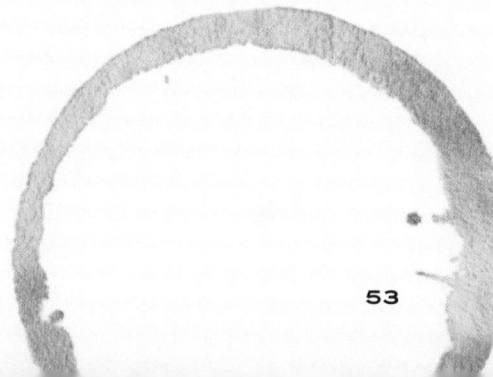

AURUM

AUFRÄUMEN

Ans Aufräumen haben ja die meisten von uns überwiegend frühkindliche und damit eher negative Erinnerungen. Wir hören noch unsere Mütter: »Wenn du jetzt nicht dein Zimmer aufräumst, dann passiert was!« Ironischerweise passiert uns im Erwachsenenalter genau dann etwas, wenn wir aufräumen – Szenario: nach einem gehaltvollen Essen; Mittel zum Zweck: Schnaps. Dass ein Kräutertee oder 1000 Schritte nach aktuellem Wissensstand vernünftiger und wirkungsvoller sein dürften, ist uns natürlich klar. Aber Teetassen klingen beim Anstoßen nicht so schön. Und es passt so schrecklich viel Flüssigkeit rein, die wir in unseren vollgeschlagenen Bauch ja gar nicht mehr reinbekommen. Was bleibt? Eine große Anzahl Kräuterschnäpse und -liköre, die uns auf den letzten Akt des Abends vorbereiten: weiterziehen – oder beseelt ins Bett fallen.

KÜMMEL FÜR DIE PFEFFERSÄCKE

EIN TASCHENTUCH IST EIN TEMPO. EIN KÜMMEL IST EIN HELBING.

Text **DORTHE MARCH**

Gut Ahrensburg bei Hamburg, 1759: Gutsherr Heinrich Carl Schimmelmann hat in den Wirren des Siebenjährigen Krieges ein Vermögen gemacht. Zu seinem privaten Luxus gehören die besten Gewandmeister, Büchsenmacher und Silberschmiede. Was ihm jetzt noch fehlt, ist ein eigener Brauer und Brenner – am besten aus Sachsen oder Mecklenburg, denn die haben einen exzellenten Ruf. Schimmelmann macht einem in dieser Kunst bewanderten Bekannten aus Dresden, Samuel Ernst Helbing, ein Angebot, das der nicht ablehnen kann. Kaum in Ahrensburg angekommen, bekommt er die Aufgabe, einen typisch norddeutschen Schnaps zu brennen – etwas besonders Geschmackvolles, Mildes.

HELBING, HAMBURGS FEINER KÜMMEL

Der Überlieferung nach soll Samuel Ernst Helbing auf der Suche nach regionalen Aromen rasch auf Kümmel gestoßen sein, aus dem er eine Spirituose destillierte, die Schimmelmanns Wünschen entsprach. Aus Rücksicht auf die Damen stellte er den neuen Schnaps zudem mit einer Trinkstärke von nur 35 Prozent her. Dieser Kümmel kam so gut an, dass die Brennerei auf die Suche nach mehr Platz ging – und ihn im damals noch dänischen Wandsbek fand, heute ein Stadtteil im Osten Hamburgs. Und auch die Familiengeschichte ging weiter: Johann Peter Hinrich, Enkel von Samuel Ernst, konnte als Zweitgeborener zwar nicht den väterlichen Besitz übernehmen, erlernte aber das Handwerk von ihm und machte sich 1836 mit seiner eigenen »Helbingschen Dampfkornbrennerei« selbstständig. Er entwickelte die Rezepturen seines Großvaters weiter und erfand eine Spirituose in damals nicht gekannter Qualität: Helbing, Hamburgs feiner Kümmel, wie wir ihn noch heute trinken. Davon verließen die drei Brennkessel 1836 pro Tag sage und schreibe acht Liter. Maßgeblich beteiligt am Erfolg waren wohl Helbings Fuhrleute, die Waren von Wandsbek in die Stadt, also nach Hamburg und damit in die feine Gesellschaft der Kaufleute brachten, die den Helbing wiederum Geschäftsfreunden in den Hansestädten und darüber hinaus empfahlen. Glaubt man einem Lied aus dem Jahre 1860 über die Kutscherzunft und deren Helbing'sche

Vertreter, muss der Kümmel ihnen ein äußerst angenehmes Leben bereitet haben:

All de Kömkutschers, de süllt leben,
denn de Jungs sind all gesund,
künnt een Steebel vull verdregen,
dorbi blifft se schier und jung,
voll Humor und stets gemütlich,
manchmal groff und manchmal
fien – dorum mocht en jeder Mann
wohl Kutscher von Hein Helbing sein.

Dass die Kutscher so überzeugende Sänger waren, wird natürlich ebenfalls dem Helbing, der die Stimme ölt, zugeschrieben.

EN JEDER MANN MOCHT WOHL KUTSCHER VON HEIN HELBING SEIN

1889, knapp 30 Jahre später, nach verschiedenen familiären Schicksalsschlägen und sehr zeituntypisch mit einer Frau an der Spitze, verzeichnen die Firmenbücher 400 Arbeiter, 14 Dampfmaschinen und eine jährliche Produktion von 400 000 Liter Spirituosen. Damit war Helbing im deutschen Kaiserreich das größte Unternehmen dieser Art und unterhielt Filialen in London, Liverpool und Paris.

Seit seiner Erfindung ist Hamburgs feiner Kümmel die Nummer eins im Kümmelsegment – und das Rezept selbstver-

ständlich streng geheim. Allein die Hamburger trinken nicht weniger als 100 000 Flaschen gut gekühlten Kümmel pro Jahr. Neben Kümmel und Brennerkunst sei die Heimat der Marke mitverantwortlich für den anhaltenden Erfolg, sagen die Macher. Und jeder Hamburger kann sie erzählen, die Geschichte des missmutigen Wasserträgers und heutigen Stadtwahrzeichens Hans Hummel*, der die Helbing-Flasche ziert und keinen Zweifel daran lässt: Helbing und Hamburg gehören zusammen.

Wie genau eine Tradition aber zum Trend wird, ist nie so ganz leicht auszumachen. Warum wird Helbing heute immer noch, wieder und sogar – ganz neu – von jungen Menschen getrunken? Wir Hamburger glauben auf jeden Fall an die Dreifaltigkeit von Kümmel, Brennerkunst und unserer Stadt als Heimathafen. Und irgendwie freut uns auch, dass er es nicht in die allerschicksten Bars der Stadt geschafft hat, sondern wir ihn in den echten Kneipen und den bodenständigen Restaurants unserer Stadt bekommen. Wie? Am besten in Kombination mit einem Bier – als Lütt un Lütt oder Köm un Beer. Denn diese Kombi hilft so ziemlich gegen alles:

In Hamborg gifft dat, wie man weet, verschiedenerlei Getränk. Am besten wart man dat gewohr, steit man mol an son Schenk. De een drinkt Schweizer, de Anis, de Bittern, de Likör! Doch Hamborgs Nationalgetränk, dat is en Köm und Beer!

HAMBORGS NATIONALGETRÄNK, DAT IS EN KÖM UND BEER

* Hans Hummel, eigentlich Johannes Bentz, arbeitete zu Beginn des 19. Jahrhunderts in Hamburg als Wasserträger. Der Überlieferung zufolge riefen Kinder den überwiegend schlecht gelaunten Mann beim Spottnamen »Hummel, Hummel« – eine Reminiszenz an den Stadtsoldaten Daniel Christian Hummel aus der sogenannten Franzosenzeit (1806–1814), der wegen seiner Kriegserzählungen bei den Kindern der Neustadt sehr beliebt war. Nach dessen Tod zog Bentz in dessen Wohnung, woraufhin der Rufname seines Wohnungsvorgängers als Spitzname auf ihn überging. Bentz' Antwort: »Mors, Mors«, eine Kurzform des niederdeutschen Ausspruchs »Klei di an'n Mors« (»Kratz dich am Hintern«). In Kombination mit Hans – der Kurzform seines Vornamens Johannes – wurde er unter seinem Spitznamen Hans Hummel bekannt.

AUF JEDEN SCHNAPS PASST EIN DECKEL

DIE SPANIER HABEN TAPAS – WIR PUMPERNICKEL, FISCH & METT

Mit mehr als 1000 Gästen feiert Helbing jedes Jahr im Juni und November das Matjes- beziehungsweise das Grünkohl-Festival in der Hamburger Fischauktionshalle. Teilnehmer berichten von ganzen Busladungen älterer Herren und Damen in funktionaler Kleidung, aber auch von Gruppen tätowierter Mittzwanzig- bis -dreißigjähriger, die spä-

testens beim zweiten Helbing beginnen, vertraut zu schunkeln. Wir selbst halten uns hanseatisch zurück und laden nach Hause ein: zu Deckeldrinks, deren feste Bestandteile nicht unbedingt eines Zerhackers bedürfen, aber idealerweise durchaus von einigen Helbings begleitet werden. Hier die drei Favoriten der Herausgeber:

PUMPERNICKELTALER MIT HELBING-KÜMMEL-BUTTER UND KRABBENSALAT

40 g weiche Butter, 100 g Frischkäse und 1 TL Helbing Kümmel mit dem Handrührgerät glattrühren, mit Salz und Pfeffer würzen. Dill fein hacken und unterrühren. 15 Pumpernickel-Taler damit bestreichen. 2 Salzgurken und einen halben kleinen Apfel sehr fein würfeln und mit 200 g Krabben vermengen. Mit Salz, Pfeffer, 1 EL Weißweinessig, 2 EL Öl und 2 TL Helbing Kümmel würzen. Den Krabbensalat auf den gebutterten Talern anrichten.

PUMPERNICKELTALER MIT AAL AUS DER HELBING-KÜMMEL-KRÄUTER-MARINADE

Zwei Aalfilets (gehäutet) in 15 Stücke schneiden und in eine tiefe Form legen. Je ein halbes Bund Petersilie, Dill und Schnittlauch fein hacken und mit 8 cl Helbing Kümmel, 4 EL Essig und 6 EL Öl verrühren. Meerrettich schälen, auf einer Reibe ca. 15–20 g fein raspeln und zur Kräutermarinade geben. Eine rote Zwiebel halbieren und in sehr feine Ringe schneiden. Zwiebeln und Kräutermarinade über die Aalstücke verteilen und mindestens zwei Stunden, am besten über Nacht, zugedeckt im Kühlschrank ziehen lassen. Auf 15 Pumpernickeltalern anrichten.

METTTALER MIT HELBING KÜMMEL UND GRÜNEM PFEFFER

1 TL grünen Pfeffer aus der Lake fein hacken. Petersilie fein hacken, Schnittlauch in Röllchen schneiden. Alles mit 150 g frischem Zwiebelmett und 2 TL Helbing Kümmel gründlich mit einer Gabel vermengen. Aus 5 Scheiben Vollkornbrot mit einem kleinen Ausstecher oder dem Rand eines schmalen Glases 15 Vollkornbrottaler ausstechen, mit 15 Dillgurkenscheiben belegen. Die Mettwurstmischung darauf verteilen. Mit 15 Perlzwiebeln (Silberzwiebeln) garnieren.

DER BERG-DOKTOR

GUT FÜR DIE VERDAUUNG: DER MAGENBITTER UNDERBERG STELLT SICH SEIT 170 JAHREN IN DEN DIENST DES WOHLBEFINDENS

Text SASCHA BORRÉE

Auch wenn es in diesem Buch um Alkohol geht und der Genuss desselben schon mal dazu führen kann, dass Leute über Grenzen gehen: Es gibt Sachen, die gehören sich einfach nicht. Macht man nicht! Verpönt, verboten, tabu! Ausnahme: in der Liebe, da ist bekanntlich alles erlaubt. Genauso wie im Krieg.

SEMPER IDEM – IMMER DASSELBE

Die Kräuterbitter-Dynastie Underberg sah und sieht das allerdings anders. Als 1914 der Erste Weltkrieg ausbrach, war ihre berühmt-berüchtigte Spirituose schon ein Klassiker. 1846 hatte Hubert Underberg das nach ihm benannte Unternehmen gegründet, übrigens am Tag seiner Hochzeit – zum einzigen Zweck, den selbst entwickelten Magenbitter herzustellen. Als er den Betrieb später an seine Nachfahren übergab, hinterließ er ihnen auch ein unumstößliches Gesetz:

Semper idem! Deutsch: Immer dasselbe! Gemeint war die Zutatenliste des Bitters. Am Underberg'schen Erfolgsrezept, so Hubert, solle doch bitte auch nach seinem Verscheiden niemand rumpantschen. Was im Ersten Weltkrieg durchaus zum Problem wurde: Kräuter aus 43 verschiedenen Ländern mussten die Underbergs für ihre Rezeptur beschaffen. Daran war bald nicht mehr zu denken, zunehmend legte der Krieg den Welthandel lahm. Bevor sie in Versuchung kamen, ihre Rezeptur dann doch etwas – nun ja: kreativer – auszulegen, stellten die Underbergs ihre Magenbitter-Produktion lieber komplett ein.

Ein Schritt, zu dem sich die Familie im Zweiten Weltkrieg erneut gezwungen sah. Jetzt allerdings mit einer Ausnahme: Paul, Enkel von Firmengründer Hubert, war mittlerweile nach Brasilien ausgewandert, um dort ebenfalls eine Underberg-Produktion aufzubauen. Das gerade gegründete, gut angelaufene Geschäft ruhen lassen auf unbestimte Zeit? Ging gar nicht. Bei einer ausgedehnten Amazonas-Tour hatte Paul glücklicherweise schon mal eifrig Pflanzen gesammelt. Kräuter, die in Deutschland noch kein Mensch kannte. Manche bestens geeignet für einen hervorragenden Magenbitter … Also kreierte er jetzt seine eigene Spirituose (die unter dem Namen Brasilberg inzwischen auch auf dem deutschen Markt vertrieben wird). In Deutschland, wo Underberg ab 1949 wieder hergestellt wurde, blieb aber alles beim Alten. Semper idem! Semper idem, immer dasselbe: ein Wahlspruch, der die Marke Underberg insgesamt sehr treffend beschreibt. Verkauft wird der Bitter noch heute ausschließlich in den seit 1949 unveränderten, vom Boden bis zum Hals mit Strohpapier umhüllten 0,02-Liter-Fläschchen – unter anderem weil sie fälschungssicher sind, sagt das Unternehmen.

Während Jägermeister, der andere große Platzhirsch auf dem deutschen Kräuterspirituosen-Markt, erst zum Sportsponsoring-Pionier und dann zur Techno-Kultmarke wurde, hielt sich Underberg in puncto Innovation vornehm zurück. Ausnahmen, etwa der total praktische Underberg-Patronengürtel (dank dem sich gleich 20 Fläschchen um die Hüfte schnallen lassen) und die Kräuterberg Digestif-Bonbons (»Exklusiv in Ihrer Apotheke«) bestätigen da eher die Regel. Auch in der Werbung setzt man auf Bewährtes: die Marschmusik, mit der die Spots für den Kräuterbitter seit einer gefühlten Ewigkeit hinterlegt werden? Hat 1914 ein britischer Militärkapellmeister komponiert. Immerhin, für einen Clip mit den Hipstern der Volksmusik-Combo *Voxxclub* wurde sie 2014 durch gefällige Beats aufgepeppt.

NUR FÜNF MENSCHEN KENNEN DAS GROSSE GEHEIMNIS

Doch genug drum herumgeredet. Was genau ist denn jetzt eigentlich drin im Underberg? Tja … Das bleibt ein großes Geheimnis. Nur fünf Menschen sind eingeweiht: drei Mitglieder der Familie Underberg. Und – für den Fall, dass allen Underberg'schen Geheimnisträgern gleichzeitig etwas zustößt – zwei katholische Priester.

DER AUTOR

Sascha Borrée, freier Reporter und Redakteur, lebt in Hamburg, stammt aber eigentlich aus dem Harz. Von dort kommt auch sein Lieblings-Kräuterbitter: Schierker Feuerstein.

GESCHICHTE(N)

DREI ANEKDOTEN, ERZÄHLT VOM UNTERNEHMEN SELBST

OB RIESE ODER ZWERG – ALLE TRINKEN UNDERBERG

Im Frühjahr des Jahres 1953 befand sich Emil Underberg I. auf Geschäftsreise im Münsterland. Auf der Rückfahrt rastete er wieder einmal in der Gaststätte Drüge Pütt in Haltern am See. Emil Underberg I. schaute sich um und sah, dass das Wirtshaus rustikal und gemütlich eingerichtet war. Er sagte zum Wirt: »Sie haben hier in der Bleiverglasung der Fenster so schöne Werbung. Lassen Sie doch auch unseren Werbespruch ›Trink Underberg – und du fühlst dich wohl!‹ anbringen.« Aber der Inhaber Alte-Ruthmeyer war damit nicht einverstanden und hatte eine andere Idee. Als Anspielung auf den Größenunterschied der beiden – Emil Underberg I. war klein und Wirt Alte-Ruthmeyer gut über zwei Meter – sagte er: »Nee, nee, die Sprüche hier mache ich immer noch selbst. Es muss heißen: Ob Riese oder Zwerg – alle trinken Underberg!« Und dieser Spruch ist dann tatsächlich gemeinsam mit der Abbildung einer Underberg-Portionsflasche in ein Fenster eingebaut worden.

GUT FÜR DIE HÄLFTE –
ÜBER HUBERT (II.) UNDERBERG

Hubert Underberg verstand sich aufs Beste mit seinen Rheinberger Mitbürgern – und war jederzeit für einen Spaß zu haben. Versuchte man, ihm ein Schnippchen zu schlagen, setzte er noch einen drauf. Als nun ein Konzert für einen wohltätigen Zweck in Rheinberg stattfand und Underberg mit seiner Ehefrau Katharina eintraf, achtete jeder gespannt darauf, was er wohl in den Spendentopf geben würde. Underberg, der merkte, dass alle auf ihn blickten, schmunzelte in sich hinein. Dann zog er statt der Geldbörse ein Notizbuch heraus und schrieb auf einen Zettel: »Gut für die Hälfte der Gesamteinnahmen!« Dieser Streich gefiel den Rheinbergern, und sie spendeten reichlicher als vorgehabt, damit der Herr Underberg recht tief in seinen Beutel greifen müsse. Die Spendenbereitschaft seiner Mitbürger anzukurbeln war aber just seine Absicht gewesen: Als man ihm am Ende die Gesamteinnahmen nannte, löste er ohne Zögern den Gutschein ein. Nie zuvor hatte ein Wohltätigkeitskonzert in Rheinberg so viel Geld eingebracht.

DIE ERFINDUNG
DES UNDERBERG-STIELGLASES

Auf der »Exposition Universelle« in Paris im Jahre 1867 besuchte Firmengründer Hubert Underberg auch den Stand der Glasbläser aus dem italienischen Murano. Er war fasziniert von deren handwerklichem und künstlerischem Geschick. Deren Fähigkeiten wollte er seinen Prokuristen zeigen und rief ihnen zu: »Nau kommt, extra Heere!«, was so viel heißt wie »Nun kommen Sie, werte Herren!«. »Estrarre« heißt aber auf Italienisch so viel wie »in die Länge ziehen«. Einer der italienischen Glasbläser fühlte sich angesprochen und begann zu blasen. Angefeuert von Hubert Underberg und seinen Prokuristen, wurde nun der Stiel des Glases immer länger – fünf, zehn, 15, 18 Zentimeter! Das Underberg-Stielglas, das höher ist als alle anderen Gläser, war damit geboren.

VOM WALD IN DIE WELT

DER NIEDERSACHSE VERDANKT SEINE GLOBALE KARRIERE AUCH UND GERADE DER WERBUNG. EINE PIRSCH

Text **NORBERT NOLTE**

Jedes Schiff muss ab und an auf die Werft. Verschlissene Teile austauschen, Rost und Muschelkalk abklopfen, Außenanstrich erneuern. Dann lässt man den Kahn erneut zu Wasser und freut sich, dass er nicht untergeht, sondern im neuen Glanz seine Fahrt fortsetzt.

MODIFIZIERT MAN WEDER INHALT NOCH HÜLLE, BLEIBT NUR NOCH DIE WERBUNG

In der Welt der Waren gibt es Vergleichbares. Nur wird der Vorgang ungern als überholen bezeichnet. Das der Nautik entlehnte englische Verb »to relaunch« klingt internationaler, effizienter, positiver. Der Unterschied: Das Schiff soll sich dem Originalzustand annähern, die Marke dagegen neu, frisch, zeitgemäß wirken. »Jede Generation kennt Jägermeister anders«, heißt es auf der Website

der Mast-Jägermeister SE. Erstaunlich daran ist, dass bei Jägermeister zwei Dinge nie beziehungsweise kaum verändert wurden. Erstens: das Produkt. Zweitens: seine Verpackung. Seit mehr als 80 Jahren ist die Spirituose aus Alkohol und 56 Kräutern und Wurzeln in der Rezeptur unverändert. Zwar wurden auch Flasche und Etikett immer wieder einmal leicht umgestaltet, der grundsätzliche Auftritt des Likörs mit dem Produktnamen in Schwabacher Schrift – bereits im 19. Jahrhundert einer der beliebtesten deutschen Schriftstile – blieb jedoch gleich. Modifiziert man weder Inhalt noch Hülle, bleibt nur eine Möglichkeit, neue Kunden anzusprechen: Werbung. Tatsächlich finden sich in der Marketing- und PR-Geschichte von Jägermeister zahlreiche Beispiele, wie an den Zeitgeist angedockt wurde. Umgekehrt erlaubt die Werbung auch die Diagnose gesellschaftlicher Strömungen.

Erfinder Curt Mast war passionierter Jäger und entwickelte die Spirituose 1934 für Gleichgesinnte. Er war zudem gläubig, weshalb sie »Hubertusbitter« heißen sollte und das Hirschgeweih zum Logo wurde – der Legende nach war der katholische Heilige Hubertus einst ein wilder Jäger, selbst am Sonntag, bis ihm ein weißer Hirsch entgegentrat, zwischen den Geweihenden ein strahlendes Kruzifix als Fingerzeig Gottes. Aber zurück: Die Herstellung von Spirituosen faszinierte Curt Mast, Sohn des Weinhändlers Wilhelm Mast, lange vor 1934. Viele Jahre schon tüftelte er an verschiedenen Mixturen und verkaufte in seinem kleinen Laden nebenbei Liköre, die fantasievolle Namen wie Brennende Liebe trugen. Langsam entwickelte sich die Spirituosenproduktion zu einem immer wichtigeren Geschäftszweig des kleinen Unternehmens. Doch es dauerte eine Weile, bis Curt Mast die richtige Rezeptur gefunden hatte. Mal war die Mischung »zu süß« oder ihre »Citrusnote zu schwach«. Aber 1934 kam seine Stunde: Curt Mast hatte genau die Spirituose kreiert, die sich in den nächsten 80 Jahren zum weltweit größten Kräuterlikör entwickeln würde: Jägermeister.

Zurück zur Werbung. Während des Krieges ruhte die Produktion weitestgehend, 1947 wurde die Firma »neu« gegründet. In den Jahren des Wieder-

ZWISCHEN DEN GEWEIHENDEN: EIN STRAHLENDES KRUZIFIX

aufbaus warb Jägermeister bewusst harmlos. Mit gebrandeten Lieferfahrzeugen, Porzellan-Wandtellern, Bildern von Dackeln, die Rettungshunden gleich Likör lieferten, oder Paaren am Strand. Slogan: »… und jetzt ein kühles Prösterchen«.

IMMER DEN MUND AUFMACHEN

1952 trat Günter Mast, Neffe des Jägermeister-Erfinders, in das Unternehmen ein. Schnell übernahm er die Regie und veränderte die öffentliche Präsentation. In den 60er-Jahren zeigte eine Anzeige zwar noch den röhrenden Hirschen. Darüber aber stand: »Immer den Mund aufmachen …«. Und darunter: »Seine Meinung bewußt verfechten.« Man mag dies als kleine Verbeugung vor den Bürgerrechtsbewegungen der 68er deuten. Auf jeden Fall passte es zum Anecken-Credo der Marke.

Andererseits: Mast war Kaufmann. Die Wachstumsraten jener Zeit ermöglichten breiten Schichten nie gekannten Wohlstand, nach Jahrzehnten der Kriege und Krisen entstand ein Gefühl von Sicherheit und Normalität. Mit mehr Freizeit, neuerdings beherrscht vom Sport. Mitte der 1960er-Jahre befestigte Mast daher beim Hahnenkamm-Rennen in Kitzbühel Plakate und Fähnchen entlang der Strecke. Als er am nächsten Tag das Ski-

Spektakel im Fernsehen sah, wurde ihm klar, welches Potenzial die Platzierung bei Sportübertragungen bot. Eine Folge: 1970 war Jägermeister als einziges europäisches Unternehmen bei der Fußball-WM in Mexiko auf den Banden in jenen Stadien präsent, in denen die deutsche Mannschaft spielte. Stets im Bereich der Eckfahnen, dort »bleibt die Kamera ruhig und das Publikum ist für die Bande besonders aufnahmefähig«, wie Mast dem *Spiegel* erklärte. Eine andere Folge: Quasi zeitgleich führte er auch die Trikotwerbung in der Fußball-Bundesliga ein, indem er den Kickern von Eintracht Braunschweig den Hubertushirsch samt Firmennamen auf die Leibchen druckte. Legendär wurde die Kampagne »Ich trinke Jägermeister, weil …« Benjamin von Stuckrad-Barre schwärmt noch heute in dem Roman *Panikherz* von ihr – dabei war er zum Start 1973 nicht einmal geboren. Sie war allerdings in ihrer Einfachheit auch genial und fügte sich perfekt in eine Zeit, die Individualität und Unangepasstheit prägten.

Zu sehen war stets ein Mensch mit Glas und Flasche, dazu ein Spruch, darunter der Claim »Jägermeister. Einer für alle.« Das war's. Allerdings wurde jedes Motiv nur einmal geschaltet, in punktgenau ausgewählten Medien. Die Sprüche, an denen auch Harry Rowohlt mittextete, unterhielten stets und provozierten oft. Eins der bekanntesten Beispiele ist die

JÄGERMEISTER DECKTE DEN SPORT FLÄCHENDECKEND ORANGEFARBEN EIN

Abiturientin, die sagt: »… weil ich zwar den Numerus clausus nicht geschafft habe, dafür aber die Nummer mit Claus.« Die Kampagne lief in Dänemark, Italien, Südafrika und den USA: »I'm drinking Jägermeister because I'd rather have a bottle in front of me than a frontal lobotomy.« Sie erfüllte dem Anarchisten im Werber sogar dessen innigsten Traum: Ein Motiv zeigte lediglich Mensch und Geste. Kein Produkt, kein Text, nichts – und dennoch absolute Wiedererkennbarkeit. Mehr, also weniger, geht nicht: 1986 endete die Kampagne – vorerst – mit Anzeige Nummer 3162.

Mit der deutsch-deutschen Wiedervereinigung machte Jägermeister sich auf, auch Ostdeutschland als Absatzmarkt zu erschließen. Am Morgen nach dem Fall der Mauer fuhr Mast persönlich zu einem Grenzübergang, hielt DDR-Autos an und überreichte jedem Fahrer eine Schachtel mit drei Fläschchen. Um mindestens eine war mit einem Gummiband ein 20-Mark-Schein gewickelt. Doch trotz dieses Begrüßungstrunks und der 1996 für zwei Jahre wiederbelebten »Ich trinke Jägermeister, weil …«-Kampagne: Jägermeister galt als Likör, den sich die ältere Bevölkerung lauwarm nach dem Essen gönnte.

Doch wenn du denkst, es geht nicht mehr, kommt von irgendwo ein Lichtlein her. In diesem Fall waren es gar zwei. 1996 setzten die *Toten Hosen* mit *Zehn*

kleine Jägermeister, eigentlich ein Kinderlied, aber als Punk-Hymne verpackt, den Kräuterbitter wieder auf die deutsche Landkarte. Ebenso wie Techno-DJ Sven Väth, der im Jägermeister-Shirt auflegte. Zeitgleich entdeckte eine neue Generation, vor allem in den USA, den Kräuterlikör aus Deutschland als Party-Shot, eisgekühlt und mit Energydrinks, Wodka oder heißer Schokolade gemischt. Überliefert ist, dass im French Quarter von New Orleans ein Barbesitzer namens Fritz Jägermeister ausschenkte. 1985 berichtete eine Zeitung aus der Nachbarstadt darüber und dichtete Jägermeister das Märchen an, Opium zu beinhalten. Das wusste Spirituosenhändler Sidney Frank zu nutzen. Kein Geld für Werbung in der Tasche, vervielfältigte er den Artikel tausendfach und hing Kopien an die Orte, von denen er wusste, dass er dort ungeteilte Aufmerksamkeit bekommen würde: die Männer-Toiletten der lokalen Bars. Ein cleverer Schachzug: Die Verkäufe stiegen in kürzester Zeit um das Hundertfache.

Aufmerksamkeitsstark begann das neue Jahrtausend auch diesseits des Atlantiks. Sogenannte Jägerettes, junge Frauen, dekolletiert und strahlend, starteten Produktpromotions in Gastronomie, Handel und Nachtleben. Mit Erfolg: Während sich Deutschland zum Export-Weltmeister aufschwang, steigerte Jägermeister seinen Absatz ab 2000 jedes Jahr und liefert heute in mehr als 100 Länder aus.

Ebenfalls um die Jahrtausendwende vollzieht sich ein personeller Wechsel im Marketing. Seitdem setzt das Unternehmen verstärkt auf die Jugend, etwa mit Gags der vorlauten Trickfilm-Hirsche Rudi und Ralph (ab 2002), einer eigenen Konzertreihe, der Rock-Liga (ab 2004) oder Biederkeit ironisierenden »Kein Jägermeister. Ziemlich zahm«-Spots (ab 2008). Seit 2009 sind Echtheit und Freundschaft zentrale Themen, das Wir-Gefühl der männlichen Zielgruppe, symbolisiert etwa durch den Kampf einer Gruppe von Erdmännchen gegen eine Schlange. Einen weiteren Seitensprung verkörpert seit 2012 eine hauseigene Blaskapelle, die mit dicken Backen traditionelle Blasmusik mit aktuellen Sounds – von Pop bis Elektro, von Hip-Hop bis Rock – vermischt. Auch die Zahl der Merchandising-Produkte mit Jägermeister-Schriftzug nahm zu: Aschenbecher, Sonnenbrillen, T-Shirts? Alles da. Aber auch sonst findet man alle möglichen und unmöglichen Dinge aus dem Haus des Hirschen – da sei der Fell-Bikini nur als herausstechendstes Beispiel genannt.

Und nun? In Sachen Produkt betont Jägermeister zunehmend die handwerkliche Seite der Herstellung. Etwa das Reifen des nach wie vor geheimen, von Hand selektierten und kalt mazerierten Elixiers in mächtigen Eichenfässern aus dem Pfälzer Wald, das erst nach 383 Qualitätsprüfungen abgefüllt werden darf (siehe Seite 24). Fortgeführt werden dürfte auch die Erfindung von Produktvarianten wie die Winterkräuter-Version mit zehn Prozent weniger Alkohol sowie Zimt und Vanille als Geschmacksträgern, die es erstmals zu Weihnachten 2015 gab. Und: Zum Herbst 2016 wurden Etikett und Flasche deutlich erwachsener. Unter anderem blickt der Hirsch Betrachtern nun gereifter entgegen, die Flasche ist kantiger und präsentiert sich mit leicht angehobenen Schultern und längerem Flaschenhals aufrechter.

»WER, WENN NICHT WIR«

Man darf gespannt bleiben – vor allem auf den Ausbau des Wolfenbütteler »Wir-Gedankens«. »Ein besonders starkes Element, das fest in der Marke verankert ist, ist die Gemeinschaft – Jägermeister wird als Gemeinschaftsmarke wahrgenommen und vorwiegend in Gruppen getrunken«, heißt es in einer Pressemitteilung der Mast-Jägermeister SE. Dieses Werteelement wird jetzt mit dem neuen Claim »Wer, wenn nicht wir« verstärkt in den Mittelpunkt gestellt. Und weil die Marke sich immer wieder neu erfindet, kennt jede Generation Jägermeister ein wenig anders.

Der Autor

Norbert Nolte, freier Autor, schreibt über Reisen, Logistik und Sport. Er trinkt gerne mal ein Bier, weil er in den farbigen Flaschen ab und an nach dem roten Faden sucht. Er hat ihn noch nicht gefunden, bleibt aber am Ball …

DEFTIG, DURSTIG, DEMOKRATISCH

ACHT MENSCHEN, FÜNF SCHNÄPSE UND EIN TOPF GRÜNKOHL

Das Protokoll eines hochemotionalen Sonntagnachmittags, in Szene gesetzt von **HOLGER TALINSKI**, aus dem Gedächtnis aufgeschrieben von **ANNE-KATRIN GÜLCK**

Ein Sonntag Ende Januar. Die sechs Hamburger Jens, Mark, Kerstin, Melanie, Dorthe und Anne treffen sich zum Grünkohlessen »Norddeutsche Art«. Ihre eigentliche Mission: Schnaps verkosten. Welcher Aufräumer passt am besten zum deftigen Kohlgelage? Die Protagonisten auf dem Tisch und im Eisfach: Jubiläums-Aquavit, Helbing, Grünkohlschluck, Gammel Dansk und Hamburger Edelbitter. Fotograf Holger und Lichtassistentin des Tages, Margitta, trinken ebenfalls mit.

12:15 UHR

Ankunft von Köchin Anne, Beiköchin Dorthe, einer großzügigen Portion Grünkohl – über Nacht gut durchgezogen – sowie seiner Begleiter: Kasselerbraten aus dem Römertopf, Kohlwürste, geschälte Kartoffeln. Wir werden von Gastgeberin Melanie in Empfang genommen, in die Küche eingewiesen und mit einem ersten Bier versorgt. Fotograf Holger testet die Lichtverhältnisse. Ich setze die Kartoffeln auf. Wir sind bereit fürs Grünkohlgelage.

12:45 UHR

Schlechte Nachrichten. Gast G. sagt ab. Ausgerechnet der zweite Mann in der Runde. Auch wenn heute vier trinkfeste Frauen am Tisch sitzen: Wir brauchen einen fähigen Ersatzmann, nicht nur für ausgewogene Fotos. Während die Kartoffeln schon kochen und die Kohlwürste sich wohlig im Grünkohlbett aufwärmen, durchforsten wir hektisch unsere Handykontakte. Und stellen fest: Wir kennen nicht genügend Männer. Die Familienväter in unseren Adressbüchern stehen auf dem Spielplatz – und die wenigen Singles wohnen am anderen Ende der Stadt. Der Mann der Wahl müsste in 15 Minuten hier sein. Für gute Fotos brauchen wir Tageslicht, und das Essen ist so gut wie fertig.

Kerstin – genannt Duschi – hat schließlich die richtige Eingebung. Sie kann ihre Marktbekanntschaft Mark (Handyeintrag: »Mark vom Markt«) überzeugen, der kurzfristigen Einladung zu folgen. Duschi kündigt an, er werde sicher wie immer in einer seiner bunten Hosen erscheinen. Vom Balkon aus halten wir nach entsprechenden Hosenbeinen in allen Farben des Regenbogens Ausschau. Als er 30 Minuten später endlich am Tisch sitzt, trägt er zwar nur Jeans, ist dafür aber durchaus unterhaltsam und bringt den der Sache angemessenen Schnapsdurst mit.

13:30 UHR

Auf den Tellern dampft der Grünkohl – noch. Die Schnaps-Jury ist vollzählig um den Tisch versammelt: mein Kollege Jens, der spontane Mark, Duschi, Melanie, genannt Mel, Dorthe und ich. Holger und Margitta wuseln mit Kamera und Licht um uns herum. Schon vor dem ersten Schnaps sind wir bester Stimmung. Insbesondere Mark vom Markt kann nicht fassen, was ihm hier widerfährt, Dorthe und Jens diskutieren die Vor- und Nachteile eines nachmittäglichen Schnapsglimmers, Fotograf Holger gibt erste Anweisungen: »Ich brauche schon mal ein Anstoß-Bild.« Womit fangen wir an? Die Wahl fällt auf den Hamburger Edelbitter. Der basiert auf exotischen Gewürzen wie Zimt, Piment und Ingwer. Das Etikett verspricht, dass er sich »geschmacklich aromatisch, pikant und äußerst anregend präsentiert«. Perfekt. Der Magen will ja vorbereitet werden.

Auch wenn dieser Schnaps eigentlich als Digestif empfohlen wird. Gastgeberin Mel schenkt ein. Wir stoßen an – einmal, zweimal und noch einmal, bis Holger den Schluck endlich freigibt. Ich leere das Glas in einem Zug, obwohl der Hamburger Edelbitter dafür eigentlich zu fein ist. Der schnelle Schluck ist meiner Nervosität als Köchin geschuldet. Das Essen wird nämlich langsam kalt. Der Spinat auf Dorthes Teller (sie mag keinen Grünkohl) bildet schon Ränder. Egal, tröstet Mel, heute geht es um den Schnaps. Das Essen ist nur Vorwand. Und natürlich Grundlage. Anerkennende Worte der anderen: weich und nicht zu süß – der Hamburger Edelbitter. Perfekt gegart – das Fleisch. Na, also.

14:00 UHR

Die ersten Teller sind leer. Mark hat sich in Stimmung geredet. Er lässt sich sein Essen noch mal in der Mikrowelle aufwärmen, bekommt dazu sein drittes Bier und erzählt von einem haarsträubenden Erlebnis in der Hamburger U-Bahn. Ich versuche herauszufinden, welche regionalen Erfahrungen die anderen in Sachen Grünkohl gemacht haben. Mel kämpft mit viel Wasser gegen die Auswirkungen einer durchfeierten Nacht an und kichert albern mit Freundin Duschi, die den Grünkohl »al dente« findet. Fotograf Holger bittet Jens und Dorthe, sich noch mal ins Gespräch zu vertiefen und dabei natürlich zu wirken. »Bleibt genau so!«

Zeit für den nächsten Schnaps. Die Wahl fällt auf den Grünkohlschluck. Das Trink-Versprechen dieses Mal: »Dieser würzige Kräuter-Klare macht jede deftige Grünkohl-Mahlzeit zu einem Festessen!« Na dann, prost. Dorthe schenkt ein. Holger hält drauf. Der ein oder andere Tropfen geht daneben. Schnell runter damit. Der ist irgendwie fuselig, das kann auch die Zitronennote nicht überdecken. Was hat die darin überhaupt zu suchen? Schnell einen Schluck Bier hinterher. Jens und ich nehmen noch mal Nachschlag – Grünkohl und Fleisch, mit viel Senf. Es schmeckt.

14:30 UHR

Fertig mit Essen. Es wird Zeit für den offiziellen Verteiler. Margitta holt den Jubiläums-Aquavit (»Jubi«) aus dem Eisfach[1]. Das »Wasser des Lebens« kommt zwar aus Skandinavien, aber Kümmel ist auch in Norddeutschland zu Hause. »Nicht lang schnacken, Kopp in' Nacken.« Holger macht Porträtaufnahmen, während wir den Kopf nach hinten neigen. »Bleibt so!« Wie vorteilhaft das wohl sein kann? »Halt mal die Lampe höher.« Margitta sorgt mit einer Bürolampe (Modell Artemide) im Arm tapfer für gutes Licht. Mein Gesicht fühlt sich gerötet an. Lampenlicht und Schnaps. Hoffentlich tut der Jubi wenigstens dem Magen gut.

[1] *In Deutschland gehört er in ein vorgekühltes Glas und sollte 24 Stunden vor Genuss im Eisfach lagern. In Skandinavien wird er allerdings eher bei Zimmertemperatur getrunken, da nur dann alle Aromen auch zu schmecken sind.*

15:30 UHR

Wir werden albern. Kann man eigentlich aus Schnapsgläsern eine Pyramide bauen? Und von oben Schnaps eingießen? Ich beginne vorsichtig zu stapeln. Jens kommentiert klug von der Seite. »Die Grundfläche muss gerade sein.« Die Pyramide steht. Dorthe drückt mir die Helbing-Flasche in die Hand. Der angesagte Kümmel-Schnaps[2] aus Hamburg gluckert gemächlich ins erste Glas, dann zeitgleich ins zweite und dritte. Der ganze Tisch johlt – und wackelt. Die Pyramide stürzt zusammen, und die Tischdecke duscht in Helbing. Schade um den schönen Schnaps. Eine Runde für alle! Urteil: lecker!

[2] *Kümmel gehört zu den ältesten Gewürz- und Heilpflanzen der Welt und ist die Basis für Helbing. Die qualitativ hochwertige Kümmelart* Carum carvi *gedeiht hervorragend im seefeuchten Klima der norddeutschen Küsten.*

16:00 UHR

Jetzt nicht nachlassen. Die letzte Verkostung schieben wir gleich hinterher. Der Gammel Dansk ist ein Magenbitter aus Dänemark und beinhaltet sage und schreibe 29 verschiedene Kräuter. Das Produktversprechen: »Tut gut am Morgen, nach den Mühen des Tages, auf der Jagd, beim Angeln oder als Aperitif.« Nun denn. Wir haben heute auch schon eine Menge geleistet. Und nachdem unser erster Schnaps des Tages eigentlich als Digestif empfohlen war, können wir jetzt auch einen Aperitif zum Abschluss trinken. Prost! Engelwurz, Anis, Ingwer und Muskatnuss sind gewiss auch super für die Verdauung.

16:30 UHR

Nach kurzer Diskussion, ob jetzt noch ein Trinkspiel angebracht sei, bei dem jeder Verlierer von den anderen einen der heute verkösteten Schnäpse zugewiesen bekäme, setzen wir den Vorschlag in die Tat um. Die Wahl fällt auf Looping Louie: das Kinderspiel, bei dem man Louie in seiner fliegenden Kiste davon abhalten muss, Hühner zu stehlen – mindestens so klassisch wie Grünkohl im Januar. Duschi verliert zweimal und kommentiert den Strafschluck jeweils mit »Muss ich wirklich?«, trinkt am Ende aber natürlich doch.

17:00 UHR

Es wird Zeit für die Wahl des besten Grünkohl-Aufräumers. Jens fragt, ob wir den Grünkohlschluck nicht gleich ganz abwählen könnten. Nee, gleiches Recht für alle. Wir stimmen altmodisch mit der Hand ab. Das Ergebnis ist eindeutig: Der Jubi gewinnt vor dem Helbing. Gefolgt vom Hamburger Edelbitter, Gammel Dansk und dem Grünkohlschluck.

17:10 UHR

Wir haben den Schnaps des Tages gekürt. Fehlt noch die traditionelle Wahl des Grünkohlkönigs. Wer hat am meisten gegessen? Am längsten? Am meisten getrunken? Dorthe setzt mir eine selbst gebastelte Krone auf – natürlich eine grüne. Heute wird die Köchin zur Königin.

PROST!

DIE SCHNÄPSE

Jubiläums-Aquavit, Helbing,
Gammel Dansk, Hamburger
Edelbitter, Grünkohlschluck

DAS ESSEN

Grünkohl »Norddeutsche Art« mit
Kasseler, Kohlwurst, Salzkartoffeln
und Senf

Grünkohl aus der Dose am besten am
Vortag mit Zwiebeln und ausreichend
Flüssigkeit erwärmen und mit
Schweinespeck gut durchziehen
lassen. Kasselerbraten so wie er ist im
zuvor gewässerten Römertopf ca.
1,5 Stunden bei 220 Grad im Backofen
garen. Kohlwurst kurz vor dem Essen
im Grünkohl ca. 20 Minuten erwär-
men. Kartoffeln in Salzwasser kochen
und je nach Belieben noch mit etwas
Zucker in der Pfanne anbraten und
leicht karamellisieren lassen.

DER FOTOGRAF

Grünkohl gab's für Fotograf
Holger Talinski vor allem bei
seiner Oma im Ruhrgebiet. Das
Rezept: in Opas Schrebergarten
angebauter Grünkohl durch den
Fleischwolf drehen, dazu Kartof-
feln und Mettwurst. Erstkontakt
mit »Kräuterschnappes«: Under-
berg – bereits als Kind durfte er
gelegentlich an der leeren Flasche
nippen. Bis vor Kurzem ging er
immer wieder auf Tour mit
Electroclash-Ikone Peaches, um
das Sechs-Jahres-Projekt »what
else is in the teaches of peaches«
zu fotografieren. Backstage und
im Tourbus gab es da durchaus
den ein oder anderen obligatori-
schen Jägermeister. Aber eigent-
lich mag #digitalinski lieber Bier
oder Rotwein.

DIE AUTORIN

Anne-Katrin Gülck liebt Grünkohl
und war sehr glücklich über das
große Essen mit Verkostung – zu
Hause bekommt sie ihn nämlich
»viel, viel, viel zu selten«. In allen
Eisfächern ihrer Sippe in der
Nordheide liegt immer ein
Helbing. Für diese Geschichte hat
sie sich zudem ins Kochen mit
dem Römertopf eingearbeitet.

AVE ZOTTI

CAESAR WÄRE STOLZ, DOCH KÖNNTE ER SICH ENTSCHEIDEN? ZWEI ITALIENISCHE KLASSIKER IM VERGLEICH

Zusammengestellt von DORTHE MARCH

MYTHOS

AVERNA Was wir als Averna bestellen, heißt eigentlich »Amaro Siciliano«. Das Rezept für den Kräuterlikör wurde im 19. Jahrhundert von einem Kapuziner namens Fra Girolamo entwickelt – ein enger Freund von Salvatore Averna, der im sizilianischen Caltanissetta lebte und dort Kräuterlikör für seinen Familien- und Bekanntenkreis produzierte. Kurz vor seinem Tod im Jahre 1868 gab Fra Girolamo das bis dato geheime Rezept an Averna weiter. Damit begann die Produktion des Amaro Siciliano.

RAMAZZOTTI Deutlich früher war Ramazzotti am Start: 1815 erfand der Mailänder Apotheker Ausano Ramazzotti seinen Amaro, offiziell: Amaro Fratelli Ramazzotti. In seinem kleinen Laborgeschäft entwickelte er einen eigenen, wie er persönlich fand, besonders milden Kräuterlikör, der schnell erfolgreich war – unter anderem durch die Etablierung der ersten Kaffeehäuser im Zentrum von Mailand. 1848 eröffnete Ausano auch selbst ein Lokal in der Nähe der Mailander Scala, wo statt Kaffee – wen wundert's? – Amaro Ramazzotti serviert wurde.

INHALT

AVERNA Im Averna vereinen sich süße und bittere Aromen von 60 verschiedenen mediterranen Kräutern, Wurzeln und Schalen von Zitrusfrüchten. Diese Mischung ruht 30 bis 40 Tage in reinem Alkohol, wird mehrmals gefiltert und mit Zuckersirup und gebranntem Zucker angereichert, bevor der Kräuterlikör nach einer Lagerzeit von zwei Monaten ausgereift ist und in Flaschen abgefüllt werden kann.

RAMAZZOTTI Ramazzotti entsteht nach Angaben des Herstellers aus immerhin 33 verschiedenen Kräutern, Gewürzen und Wurzeln sowie extrafeinem Alkohol. Preisgegeben wird lediglich, dass die Amaro-Rezeptur Sternanis, Ingwer, Kardamom, Myrrhe, Rhabarber, Zimt, Enzianwurzel und die Schale sizilianischer Orangen beinhaltet. Mehr von deren fruchtigem Geschmack hat das Unternehmen in seine Sorte des Jahres 2016 komponiert: Ramazzotti Arancia.

GENIESSER

AVERNA Das italienische Geheimnis für ein langes Leben? Wenn wir nicht von Olivenöl und der Mittelmeerküche sprechen und es nach den Machern von Averna geht: ein vernünftiger Mix aus amore, amici und Averna. Wetten, dass die Mailänder Wettbewerber in etwa dasselbe antworten würden?

RAMAZZOTTI Auch wenn zahlreiche Menschen schwören, immer und ausschließlich Averna respektive Ramazzotti zu trinken: Leute, das Prinzip ist bei beiden dasselbe. Ein Amaro ist ein Halbbitter. Damit gehört er zu den Digestifs und wird in Italien vorwiegend pur getrunken. Varianten sind Averna beziehungsweise Ramazzotti auf Eis, wahlweise mit oder ohne Zitrone. Zumindest in puncto Menge hat Ramazzotti nach eigenen Angaben die Nase vorn: Er sei der beliebteste Digestif und die meistgekaufte Spirituose in deutschen Haushalten.

EXTENDED

AVERNA Die herbe Grundsüße des Amaros – nicht nur, aber auch von Averna – eröffnet ungezählte Mix-Möglichkeiten. Fruchtig-säuerlich wird's mit Zitronen- und (Blut-)Orangensaft. Wer das Herbe bevorzugt, gießt mit Tonic Water auf. Aber auch Ginger Ale oder klare Zitronenlimonade eignen sich als Verlängerung. Im Sommer wird Averna vermehrt mit Prosecco genossen – oder es wird mit Apfelsaft, Grenadine und Zitronensaft ein echter Cocktail daraus.

RAMAZZOTTI Diese Wiederholung ist Absicht: Die herbe Grundsüße des Amaros eröffnet ungezählte Mix-Möglichkeiten. Die Mailänder erweitern den Geschmackskosmos auf andere Weise: mit den Limited Editions Ramazzotti Arancia, Limone – mit Zitrone – oder Menta: Amaro plus frische Minze. Relativ neu ist zudem der Aperitivo Rosato mit Hibiskus. Die Verkostung im Team hat ergeben: am besten eiskalt mit extratrockenem Sekt mixen.

SPECIAL

AVERNA Averna ist vielleicht nicht das erste Wort, wohl aber der erste Tropfen, der den Familienmitgliedern der gleichnamigen Sippe über die Lippen kommt – und zwar gleich nach der Geburt. »Es ist ein altes Ritual«, so der aktuelle Firmenchef Francesco Rosario Averna. Vor rund 60 Jahren wurde ihm genauso ein Tropfen Averna auf die Unterlippe geträufelt wie heute seinem Enkel Diego Francesco.

RAMAZZOTTI Im Sommer 2013 stand in den Regalen von REWE plötzlich keine einzige Flasche Ramazzotti mehr. Per Zettel erklärte der Einzelhändler, man habe die »vom Lieferanten geforderte Erhöhung unserer Einkaufspreise« abgelehnt. Am Ende ging die Forderung von Ramazzotti zwar durch – aber erstmals spannte ein Konzern bei Preisverhandlungen so offensiv seine Kunden vor den Karren.

FAZIT

Wir möchten wirklich nicht entscheiden müssen, welcher dieser beiden Unvergleichlichen besser schmeckt oder ob der eine oder der andere zu Recht oder zu Unrecht bestellt wird. Wir hoffen einfach auf viele laue Abende, an denen man dieser Frage bei einem Gläschen Amaro ausgiebig nachgehen kann. Und wie darf die Antwort auf die Frage »Mailand oder Caltanissetta?« nur lauten? Hauptsache, Italien!

PS: Eine echte Alternative zu den beiden Klassikern ist übrigens der Amaro Montenegro – wenn zwei sich streiten, freut sich ja bekanntlich der Dritte!

DER CRAFT-KÜNSTLER

AUF EIN GLAS MIT SPIRITUOSEN-VISIONÄR THEO LIGTHART

Interview **MARGITTA SCHULZE LOHOFF**

Natürlich, wir lieben Kräuterschnaps und -liköre aller Art. Ganz besonders scheinen jedoch die Craft-Produkte zu sein – handwerklich hergestellt anstatt industriell. Ob das stimmt, muss uns Theo Ligthart erklären, Gründer des Berliner *Craft Spirits Festival*.

HERR LIGTHART, SIE SOLLEN EIN EXPERTE DER CRAFT-SZENE SEIN. DOCH WIE MIR SCHEINT, NICHT NUR DORT. IM NETZ FINDET MAN ÜBER SIE ALLERLEI BERUFSBEZEICHNUNGEN: KÜNSTLER, PUBLIZIST, REGISSEUR, UNTERNEHMER. IST DAS NICHT EIN BISSCHEN VIEL?

Nein, gar nicht. Das hat sich alles so ergeben: Ich habe einen Abschluss in Philosophie und schreibe über Philosophie und Kunst. Als bildender Künstler hatte ich irgendwann, es war 2008, die krude Idee: Wenn Unternehmer Hobby-Künstler sein können, kann dann auch ein Künstler ein Hobby-Unternehmer sein? Und so habe ich eine Spirituose produziert, die ich zuerst in Galerien ausstellte und dann auf den Markt brachte.

DER KÜNSTLER HAT DIE KUNST DES BRENNENS GELERNT?

Ja, bei einem erfahrenen Brennmeister in Brandenburg, dort habe ich auch Das Korn gebrannt – einen exklusiven Doppelkorn nach guter alter Qualität, geprägt vom Slowfood-Gedanken, gute regionale Zutaten zu nutzen und Produkte nach lokaler Tradition herzustellen. Das war für viele natürlich überraschend.

WIESO?

Als ich 2008 angefangen habe, gab es kaum deutsche Spirituosen in hoher Qualität, die irgendwie auch trendig waren. Deutschland hatte eine unglaubliche Tradition mit vielen kleinen Brennereien und einem Wissen, das über Jahrhunderte akkumuliert wurde, aber die Produkte hatten ein schlechtes Image. Zu Unrecht! Anfangs wollte ich eigentlich nur die Hip-Hop-Welt und ihre Wodkas karikieren und einen exklusiven Markenartikel zum Kunstwerk erheben; es war gar nicht mein Anliegen, stärker in die deutsche Spirituosenwelt einzutauchen. Doch dann bekam es eine Eigendynamik.

SIE WURDEN DER PIONIER DER DEUTSCHEN CRAFT-SZENE!

Nein, nein! Aber ich war zufällig einer der Ersten, der das ein wenig angestaubte Handwerk des Brennens neu definierte. Gleichzeitig mit mir fingen auch andere an, etwas Neues auf den deutschen Spirituosenmarkt zu bringen. Der Motor für die deutsche Craft-Szene war jedoch nicht Kornbrand, sondern Gin. Mein Beitrag war die Gründung des *Craft Spirits Festvial Destille Berlin*, weil wir gemerkt haben, wie groß das Interesse an handwerklich hergestellten Spirituosen wurde.

Woher stammte dieses Interesse?

Es ist ein allgemeines und immer noch anhaltendes Interesse an regionalen Produkten. Viele Menschen sind gelangweilt von Industrieprodukten. Sie sind neugierig auf Sachen, die man so noch nicht kannte; die vielleicht auch nicht immer perfekt ausgereift sind, aber die eine geschmackliche Überraschung bieten.

»Noch nicht perfekt ausgereift« ist ein interessanter Gedanke: Was ist der Unterschied zwischen Craft und industriell?

Das ist eine schwierige Frage. Die US-Amerikaner definieren Craft Spirits über Mengen. Das ist uns zu wenig. Wir haben für unser Festival Kriterien definiert, die weitergehen: Die Herstellung erfolgt in traditionell handwerklicher Art in kleinen Brennereien und Spirituosenmanufakturen. Craft-Spirituosen sind frei von künstlichen und naturidentischen Zusatzstoffen, frei von Konservierungsstoffen, frei von Hefe- oder Aromaextrakten sowie frei von synthetischen Zuckern und Zuckerstoffen, die chemisch hergestellt sind; und vor allem frei von gentechnisch veränderten Rohstoffen. Es gibt bereits viel zu viele Industrieprodukte auf dem Markt, die sich das Craft-Mäntelchen anziehen. Das handschriftliche Durchnummerieren von Flaschen macht noch kein Craft-Produkt.

Das heisst aber auch, dass ein industrielles Produkt, das fünf Qualitätsstufen durchlaufen hat, genauso gut ist wie ein Craft-Produkt?

Da die Produktion in kleinen Brennereien und Spirituosenmanufakturen, die unabhängig von Konzernen sind, ein wichtiges Kriterium für uns ist, sind Industriespirituosen eben keine Craft-Spirituosen.

Welches Produkt hat sie zuletzt positiv überrascht?

Ich bin über die vielen Quereinsteiger überrascht, die meist mit viel Begeisterung und Kreativität neue Spirituosen machen. Aber vor allem überraschen mich in Deutschland immer wieder Produkte mit langer Tradition und hervorragender Qualität, die vollkommen unterbewertet und außerhalb ihrer jeweiligen Region vollkommen unbekannt sind.

WELCHE SPIRITUOSEN SIND
DENN DIE GROSSEN THEMEN IN
DER CRAFT-SZENE?

Mezcal und Tequila sind in Amerika ein
großes Thema, das merkt man auch hier
mehr und mehr. Und Wermut ist natürlich aktuell. Außerdem würde ich alles
auf die Renaissance der Obstbrände setzen.

OBSTBRÄNDE?!
UND WAS IST MIT KRÄUTER-
SCHNÄPSEN UND -LIKÖREN?

Das ist natürlich rein absatzmäßig ein
größerer Markt als Obstbrände. Und in
der Craft-Szene sieht man, dass sich gerade im Kräuterlikörbereich viele Quereinsteiger tummeln, die versuchen, das
angestaubte Image aufzupolieren. Einer
der Ersten war Borgmann, und in diesem Jahr hat mir der Liesels Kräuterlikör von der Brennerei Andreas Hau sehr
gut gefallen, weil er sich über eine starke Salbeinote definiert. Hier in Berlin
macht die Preussische Spirituosen Manufaktur zwei hervorragende Kräuterschnäpse: den Weddinger Kräuterlikör
und den Kurfürstlichen Magenbitter. Das
Spannungsfeld von Innovation und Tradition ist gerade bei den neuen Kräuterlikören spannend. Maximilian Helldörfer
aus Köln mit seinen Neuen Mazeraten
ist dafür ein hervorragendes Beispiel.
Und ich hoffe für die Hauptstadt, dass

sich auch die Tradition des Halb und Halb qualitativ hochwertig wiederbeleben lässt.

Halb und Halb?

Halb Kräuterlikör, halb Bitterorangenlikör. Dieses Getränk wurde in der ersten Hälfte des 19. Jahrhunderts als Heilmittel gegen Cholera in Pommern verkauft und war als Likör in Berlin sehr beliebt.

Noch mal kurz zurück zur Kunst: Ist ein guter Schnaps ein Kunstwerk?

Ein guter Schnaps will am Ende vor allem gefallen, er will schmecken. Würde man diese Kategorie an Kunst anlegen, entstünde schnell etwas Gefälliges. Natürlich gibt es auch Spirituosen, die polarisieren. In der traditionellen Auffassung von Kunst als Handwerk ist es natürlich ein Handwerk. Und zwar in einer Art und Weise, wie es Handwerk in der Kunst kaum gibt.

Haben Sie Pläne für neue Projekte? Wie wäre es mit »Das Kraut«?

Nein, ich plane keinen eigenen Kräuterlikör, aber berate momentan intensiv eine traditionelle Berliner Kräuterlikör-Marke beim Aufbau einer kompletten Spiri-

tuosenmanufaktur. Demnächst werden wir dort wieder Kräuterliköre nach alten Rezepturen handwerklich herstellen.

Theo Ligthart

Jahrgang 1965, ist in den Niederlanden geboren und ging mit seiner Familie im Alter von zehn Jahren nach Wien. 2000 zog er nach Berlin, wo er 2008 sein Kunst-Spirituosen-Projekt Das Korn startete. 2012 lud er die weltweite Craft-Szene erstmals zu seinem Festival ein. Mittlerweile stellen dort rund 70 Hersteller aus aller Welt ihre Produkte vor.

Die Autorin

Margitta Schulze Lohoff, Jahrgang 1982, verfiel vor einigen Jahren einem wahren Kräutergeist: dem Gin. Die Liebe war so groß, dass sie ein Buch über das englische Nationalgetränk mitherausgegeben hat. Der Name war Programm: It's Gintime. *Heute schaut sie auch wieder anderen Schnäpsen hinterher. Im Moment besonders gern Borgmann 1772.*

New Jork, New Jork!

»IT'S UP TO YOU« – UNTER DIESEM MOTTO HABEN WIR UNS AN DIE PRODUKTION UNSERES EIGENEN KRÄUTERS GEWAGT

Selbst fotografiert von **BJÖRN BUDDENBOHM**
Selbst aufgeschrieben von **DORTHE MARCH**

In Jork, quasi der Hauptstadt des Alten Landes, des größten geschlossenen Obstanbaugebiets Europas, produziert Destillateurmeister Arndt Weßel seit einigen Jahren feine Spirituosen. Nach vielen Jahren bei großen Konzernen wollte er sein eigenes Ding machen und hat damit genau unseren Nerv getroffen: Denn wie könnten wir ein Buch über Kräuterschnäpse und -liköre schreiben, ohne mal selbst maceriert und abgefüllt zu haben? Arndt hat uns dafür seine Hand gereicht – und wir haben direkt zugegriffen!

ALLES EINE FRAGE DER
RICHTIGEN MISCHUNG

Die Drogenfibel für Destillateure verzeichnet ungefähr 200 unterschiedliche Kräuter, Wurzeln und Samen, die für einen Destillateur von Bedeutung sein können. Arndts Kräuter-Rezept listet davon zumindest 15 auf. Unser Deal: Wir produzieren sein Grundrezept und fügen am Ende unsere eigene Note hinzu. Jetzt ist aber erst mal Genauigkeit gefragt: Melanie wiegt und mischt die Kräuter. Währenddessen verzweifelt die elektrische Kräutermühle fast an der Zerkleinerung von Galgant, einer Ingwersorte.

Alles selbst gemacht — nicht nur das Grundprodukt, auch die Apfelnote

Unter anderem soll Apfel unserer New-Jork-Edition den besonderen Kick geben. Und hoffentlich freuen nicht nur wir uns über die Big-Apple-Assoziation. Aus einer großen Ladung Cox Orange und Alkohol brennen wir Apfelbrand, der irgendeine Mischung zu genau unserer Mischung macht. Wir stehen fasziniert vor den kupfernen Brennkesseln. Und lernen: Wie so oft im Leben kommt es auch hier aufs Timing an, damit ein Destillat genau so schmeckt, wie es schmecken soll.

Oh, ein Fremdwort:
Wir setzen das Mazerat an

Jetzt wird's ernst: Arndt und ich gießen mehr oder weniger im selben Takt die richtigen Mengen Wasser und 96-prozentiges Weizenfeindestillat – sprich: Alkohol – in das Mazeriergefäß. Auf dessen Boden hat Melanie in einer Art überdimensioniertem Tee-Ei vorher die Kräuter versenkt. In dem Behälter mazerieren die Kräuter nun zwei Wochen in der Alkohol-Wasser-Lösung. Das bedeutet: Die beiden Flüssigkeiten lösen genau die Geschmacksstoffe aus den Kräutern, die wir haben wollen.

KRÄUTERSCHNAPS ABLASSEN UND
AUF BETRIEBSGESCHMACK BRINGEN

14 Tage später ist es so weit: Unsere Basis ist fertig! Streng nach Vorgabe mischen wir das Mazerat mit weiteren Kräuterdestillaten, Alkohol und Wasser. Fehlt bloß noch die Filtration. Dafür wirft Arndt seinen etwas archaisch anmutenden Filter an, in dem Zellstoffplatten unerwünschte Partikel zurückhalten. »Das war's – mit einem ausgewogenen Rezept braucht ein Kräuter nichts weiter«, erklärt der Meister. Da unser New Jork ja aber nach noch mehr schmecken soll, bleibt uns nichts als …

... MISCHEN, PROBIEREN, MISCHEN, PROBIEREN, MISCHEN, ...

Arndts Kräuter schmeckt hervorragend – nicht zuletzt deshalb ist unsere Wahl auf ihn gefallen. Aber ein bisschen anders darf's dann schon sein. Im Vorfeld haben wir probiert und diskutiert – und sind irgendwann auf den Kräuter-Apfel-Geschmack gekommen, abgerundet mit einer Idee Rum. Zwischen den Kesseln verkosten wir noch mal die richtige Aroma-Intensität. Wahrscheinlich war es der fünfte Versuch, bei dem etwas in uns gesungen hat: »king of the hill, top of the list, king of the heap!«

DAS HAT GESICHT:
ABFÜLLEN & ETIKETTIEREN

Ein erhebendes Gefühl: Unsere Sonder-
edition von Nordik Kräuter ist bereit
zum Abfüllen! Die Maschine brummt, im
Schlauch steigt unser Kräuter auf, und im
Handumdrehen ist die erste Flasche voll.
Wie viele es wohl werden? Wir versuchen

abschließend, uns nicht an der Gerätschaft,
die das Kunststoffsiegel verschweißt, zu
verbrennen. Und unser Layout-Genie Holger
hat ein wahnsinnig schickes Etikett entwor-
fen, das wir mit Verve auf die erste Flasche
leimen – in Handarbeit, versteht sich!

NEW JORK

von Nordik

Nordik Kräuter aus 15 Kräutern und Gewürzen, ein Hauch Apfelbrand – sortenrein aus Cox Orange –, eine Idee weißer Rum. Kein Big Apple, aber vom Cox Orange geküsst: So wie New York – der Big Apple – ein Schmelztiegel der Kulturen ist, vereint New Jork Kräuter-, Apfel- und Rumaromen.

Und unser New Jork hat uns nicht nur ganz nah an die Feinheiten der Produktion eines Kräuters herangeführt. Gemeinsam mit Arndt Weßel haben wir auch eine echte limitierte Edition in 350-ml-Flaschen aufgelegt, die über den Webshop von Nordik bezogen werden kann:

www.nordik-edelbrennerei.de/shop

NORDIK

Arndt Weßels Edelbrennerei und Spirituosenmanufaktur setzt auf bestes Obst und feine Kräuter. Außerdem teilt der Destillateurmeister sein Wissen gern bei Seminaren und bei Verkostungen seiner Brände und Liköre. www.nordik-edelbrennerei.de

DER FOTOGRAF

Björn Buddenbohm, 1979 in Ostwestfalen geboren, wurde Kräuterschnaps gleich mit in die Wiege gelegt. Was hätte mit einer Patentante aus Wolfenbüttel, der Jägermeister-Stadt, auch schiefgehen sollen? Da ihm der Küstennebel in Hamburg noch nicht gänzlich die Sicht genommen hat, konnte er die Bilder aus (New) Jork beisteuern. So schließt sich für ihn der Kreis.

WIE AUS DEM NICHTS

VIER FREUNDE, EIN WOCHENENDE IN DEN VORALPEN UND KEINE TEEBEUTEL IM SCHRANK

Text **TOBIAS PÜTZER**

Mangel ist seit jeher eine Triebfeder für Innovation. Bei Sascha Arnold, Flo Breimesser, Peter Pachmayr und Max Schweisfurth war es der Tee, der aus war. Also improvisierten die vier. Und was mit frischen Kräutern und heißem Wasser beginnt, endet im Urfelder No 26.

DER TEE IST ALLE, UND DER GARTEN IST VOLLER KRÄUTER

Aber von Anfang an: Arnold besitzt am Fuße des Herzogstandes in Urfeld ein kleines Wochenendhaus. Von der Terrasse aus blickt man über den Walchensee, am Horizont türmen sich die Voralpen auf. Oberbayerische Postkartenidylle.

Im Frühsommer 2013 sind Breimesser, Pachmayr und Schweisfurth zu Gast. Man beschließt, den Hausberg zu besteigen. Und als die vier Freunde ein paar Stunden später durstig und etwas verfroren zurückkommen, stellen sie fest: Der Tee ist alle. Dafür steht der Garten voller Kräuter. Arnold pflückt ein paar Handvoll und gießt sie mit heißem Wasser auf. Der leuchtend grüne Tee schmeckt überraschend köstlich. »So sollte eigentlich ein oberbayerischer Kräuterlikör schmecken«, sagt Breimesser irgendwann, als die Dämmerung den See verschluckt. Maximilian Schweisfurth ist Weinhändler, Sommelier und Besitzer der Brennerei Schnitzer in Traunstein;

Arnold Architekt und Münchner Gastronom, der unter anderem die Bar James T. Hunt und das Hotel Flushing Meadows betreibt. Peter Pachmayr wiederum ist Getränkegroßhändler in fünfter Generation. Bei einer solchen Kombination hätte es mit dem Teufel zugehen müssen, wenn dieser Satz einfach so im Universum verpufft wäre.

Der Geist ist aus der Flasche. Den Rest des Abends gibt es nur noch ein Thema, und die gemeinsame Linie ist schnell gefunden: Einen Schnaps mit heimischen Kräutern will man schaffen, grün schimmernd in der Farbe wie die Wälder rund um den Walchensee, nicht so süß und natürlich bio.

ARNOLDS HÄUSCHEN IN URFELD MIT DER HAUSNUMMER 26

Zurück in Traunstein, experimentiert Schweisfurth mit verschiedenen Kräutermischungen und bringt zum nächsten Treffen zehn handgemachte Musterchargen in kleinen Apothekerflaschen mit. Am Ende des Abends ist man zwar nicht mehr nüchtern, dafür aber einer Meinung. Die Wahl fällt auf ein recht helles, grünbraunes Destillat. Das Bouquet: vordergründig minzig, mit Noten von Kamille und Kreuzkümmel. Mild im Geschmack, samtig im Mund, nicht so stark. Alkoholgehalt: 22 Prozent.

Schnell ist auch ein Name gefunden: Urfelder No 26, Reminiszenz an den Ort,
wo alles begann – Arnolds Häuschen in
Urfeld mit der Hausnummer 26. Der Auftritt: ehrlich, bodenständig, ohne jeden
Schnickschnack. Abgefüllt in einfachen,
grünen Portweinflaschen, so wie es die
oberbayerischen Schnapsbrenner schon
vor Jahrzehnten in ihren Scheunenkel-
lern taten.

DER GROSSE GEIST
AUS DEM NICHTS

Heute ist der Urfelder No 26 noch eher
Geheimtipp als König der Getränkekarte,
mehr Hobby als Geschäft. Nur 1000 bis
1500 Flaschen werden jährlich abgefüllt.
Doch wer das Glück hat, ihn in einer Bar
zu finden, sollte ihn kosten. Denn dann
kann man auf wundersame Weise alle
Zutaten dieser Geschichte herausschmecken: die Kräuter aus Arnolds Garten,
den frisch aufgebrühten Tee, den Tannen-
wald am Walchensee und die Sorgfalt, mit
der vier Freunde aus dem Nichts einen
großen Geist geschaffen haben.

URFELDER
MORELLLO-CHERRY JAM

1 Glas Schattenmorellen
1 Flasche Urfelder No 26
5 cl Luxardo Maraschino
5 cl Suze Enzianlikör
10 Blatt Salbei
Alles aufkochen und 30 Minuten kö-
cheln lassen. Mit Gelierzucker eindi-
cken und in Einmachgläser abfüllen.

Alex vom Walchensee

5 cl Urfelder No 26
1,5 cl Schokoladen-Minze-Sirup
Zimtstern-Espuma (geschlagene
Sahne mit zerbröselten Zimtsternen)
Im Tumbler mit Eiswürfeln verrühren
und mit Zimtstern-Espuma auffüllen.

Der Autor

Tobias Pützer lebt und arbeitet in
München als freier Autor. Seinen
ersten Kontakt mit Kräuter-
schnaps hatte er Ende der 1980er-
Jahre auf Kölner Technopartys.
Damals glaubte die Szene,
Kräuterschnaps würde den von
Ecstasy-Pillen aufgekratzten
Magen beruhigen. Einer der
Gründe, warum in dieser Zeit
Jägermeister eine Renaissance
bei der jungen Generation feierte.
Heute konsumiert Pützer nur
noch Pillen, wenn er eine
Erkältung hat – und Jägermeister
nur, wenn er muss.

Hunt's Lemonade

5 cl Urfelder No 26
2 cl Gin
1 cl Grand Marnier
3 cl Limettensaft
2 cl Zuckersirup
Shaken, in ein Milchglas abseihen,
mit Ginger Ale fizzen und mit
Orangenzeste abspritzen.

BRAUNSCHWEIG GOES BERLIN

BORGMANN 1772 IST IM BESTEN SINNE ALTER WEIN IN NEUEN SCHLÄUCHEN: EIN TRADITIONSREICHER LIKÖR IN IMMER ANDERS GESTALTETEN FLASCHEN

Text **DORTHE MARCH**

Diffuse Beleuchtung kühlt die Atmosphäre der Bar irgendwo in Berlin-Mitte auf angenehme Trinktemperatur. Alle Plätze sind besetzt, der DJ hat ein Gefühl für die richtige Anzahl beats per minute und Lautstärke. Eine Lichtinstallation hinter der Bar lässt eine Flasche aus mattem Aluminium verheißungsvoll schimmern. Vielleicht würde man keinen Kräuterlikör im Zentrum dieser Szenerie vermuten. Genau dahin hat es aber der Borgmann 1772 geschafft – dank seiner Qualität, aber vor allem dank einer Design- und Marketing-Offensive, die ihresgleichen sucht. Seit 1772 stellt die Apothekerfamilie Borgmann einen sogenannten Apotheker-schnaps her. Die Gesichter des Unternehmens sind heute die Brüder Hendrik und Jan Borgmann – Letzterer führt zudem die Familienapotheke in Braunschweig in vierter Generation – sowie ihr langjähriger Freund Jörn Clausen. »War der

Likör früher primär als Geschenk für Geschäftsfreunde und Kunden der Apotheke gedacht, kam es immer häufiger vor, dass Flaschen auch von meinem Bruder und mir und unseren Freunden mitgenommen wurden, um bei Partys, Essen und anderen Anlässen einen bleibenden Eindruck zu hinterlassen«, erzählt Hendrik. Ermutigt von der anhaltend positiven Resonanz, entschieden die Brüder 2005, den Familien-Likör mit einem neuen Design einer größeren und vor allem jüngeren Interessengruppe zugänglich zu machen. Nicht mal ein Jahr später stand dann die erste Edition Borgmann 1772 Kräuterlikör auf dem Tisch. Aus Berlin, Wohnsitz und Inspirationsquelle von Hendrik und Jörn, kamen die ersten Bars und Stores, die sich für Borgmann 1772 begeisterten. Und der Likör zog seine Kreise: zunächst deutschlandweit, dann sogar quer durch Europa und in den USA.

Ein Pfeiler der Erfolgs ist die Manufakturherstellung in Kleinstchargen. Heute wie damals wird der Inhalt jeder Flasche per Hand angesetzt. Der Produktionsprozess nimmt ganze zehn Tage in Anspruch. Die Substanz muss nach der Vermischung von Alkohol und Kräuteressenzen gekühlt ruhen. »Menge und Konzentration der Kräuter sind dabei entscheidend für den ausgewogenen Geschmack«, erläutert Jan. Nach der sogenannten Reife wird der Kräuterlikör gefiltert, mit einem Portioniertrichter abgefüllt, per Hand gewogen und dann versiegelt und verpackt, um in den selektiven Verkauf zu gehen. Obwohl die Rezeptur und das Herstellungsverfahren stets mündlich von Generation zu Generation weitergegeben wurden, bleibt die Qualität bis heute unverändert. Die Macher sind sich einig: »Den Unterschied zu industriell hergestellten Spirituosen schmeckt man sofort.«

EDITION NO 7
MALEN NACH ZAHLEN

Der andere entscheidende Erfolgsfaktor ist die ausgefallene Design-Strategie der Borgmänner. Jedes Jahr gestaltet ein anderer Künstler, Fotograf, Designer oder auch Musiker das Aussehen der Flasche. Diese sogenannten Editionen sind auf je 1000 Flaschen limitiert. So präsentiert sich zum Beispiel die Edition No 7 humorvoll-provokant: Wer dem Editionsprinzip »Malen nach Zahlen« mit den beiliegenden Farbstiften folgt, erlebt einen Kunst-Kick der besonderen Art. Inspiriert wurde die 7 von der französischen Redewendung »Honi soit qui mal y pense«, »Ein Schelm, wer Böses dabei denkt«, die das Borgmann'sche Familienwappen ziert.

Aus der quasi entgegengesetzten Ecke kommt die Edition No 9: Der Gestalten Verlag ist bekannt dafür, ausgewählte Handarbeit und modernes Design in besonderer Ästhetik zu vereinen und zu transportieren – genau wie Borgmann. Die Aluminiumflasche der Gestalten-Edition besticht durch eine besonders reduzierte Optik. Aus einer ganz anderen Ecke kommt dann wiederum das Design von Etienne Russo, einem der führenden Kreativen bei internationalen Fashionshows. Seine Produktionsfirma Villa Eugenie produziert unter anderem für Chanel, Jean Paul Gaultier oder Miu Miu. »Etienne spielt mit dem Trend, dass heutzutage jedes Produkt, und sei es noch so künstlich, versucht, gesund und natürlich zu wirken«, erklärt Jan. In Flaschenform heißt das: Er nimmt ein traditionsreiches, natürliches Produkt und gestaltet das Design so, als sei der Inhalt giftig und gefährlich – Totenkopf inklusive.

**Edition No 9
Gestalten**

**Edition No 4
Etienne Russo**

EDITION NO 6
TURNTABLEROCKER

Auch den Nerv der Clubszene trifft der Likör: »Einszwei Borgmann gehen immer!«, so Michi Beck, nicht nur Mitglied der *Fantastischen Vier*, sondern zusammen mit DJ Thomilla Teil des Electronic-Duos *Turntablerocker*. Das Cover ihrer Platte *einszwei* ziert die Edition No 6. Und als wäre das alles noch nicht genug, rufen die Borgmänner zudem Designwettbewerbe aus, an denen sich die Belegschaften der besten Bars im Land beteiligen können, um am Ende ihre eigene Borgmann-Edition zu bekommen. Mit der aktuellen Edition No 10 schmückt sich die Aluminiumflasche erstmals mit provokanter Fotokunst und zeigt »den

geilsten Arsch der jüdischen Mädchenschule«, umgesetzt von Daniel Josefsohn. »Daniel gehört zu den Fotografen, die die Gratwanderung zwischen Provokation und Humor, zwischen ironischer Setzung und politischer Anstiftung genau austariert haben«, so Jörn. »Seine Arbeiten entziehen sich gängigen Sehgewohnheiten und bewegen sich scheinbar schwerelos zwischen Kunst und Kommerz.« Wermuttropfen im Borgmann-Universum – und noch nie hat dieses geflügelte Wort so gut gepasst wie in einer Geschichte über Kräuterlikör: Die Editionen sind üblicherweise bereits wenige Wochen nach ihrem Erscheinen vergriffen.

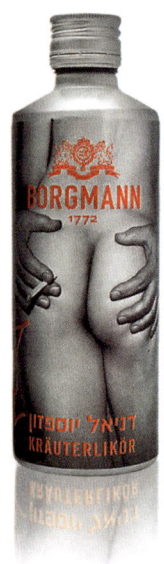

EDITION NO 10
DANIEL JOSEFSOHN

BORGMANN COCKTAILREZEPTE

PRINCE OF BORGMANN

VOLKER SEIBERT, SEIBERTS, KÖLN

> 2 cl Borgmann 1772
>
> 1 cl Cognac
>
> 1,5 cl Dry Orange Curaçao
>
> ein Spritzer Angostura
>
> trockener Champagner zum Auffüllen
>
> zusätzlich ein Silberbecher
>
> und Eiswürfel

Zutaten in einem Silberbecher auf Eiswürfeln verrühren. Anschließend mit Champagner auffüllen und diesen vorsichtig unterheben.

1772 SMASH

CIHAN ANADOLOGLU, SCHUMANN'S, MÜNCHEN

> 3 cl Borgmann 1772
>
> 3 cl Cognac
>
> 3 cl frischer Zitronensaft
>
> 2 cl Honigsirup
>
> 1 cl Zuckersirup
>
> 2 Spritzer Angostura
>
> zusätzlich ein dickwandiges
>
> (Rocks-)Glas oder ein Silberbecher
>
> Crushed Ice
>
> und frische Minze

Zutaten in einen Shaker geben und mindestens zehn Sekunden hart shaken. Anschließend »double strain« (siehe Cyborg) und in das Glas oder den Becher mit Crushed Ice füllen. Mit einer Minzspitze garnieren.

CYBORG

SHERHAN HOUSEIN, THE GRAND, BERLIN

> 3 cl Borgmann 1772
>
> 2 cl St-Germain
>
> 2 cl Lillet blanc
>
> 1,5 cl Zitronensaft
>
> 1 Barlöffel = 0,25 cl Zuckersirup
>
> zusätzlich eine vorgekühlte Cocktailschale
>
> und Minzstrauch als Garnitur

Zutaten in einen Shaker geben und shaken, »double strain« – zunächst durch das Barsieb abseihen, dann durch ein noch feineres Sieb laufen lassen, um auch die kleinsten Partikel aufzufangen. Mit Minze garnieren.

TIPP

Auf der Borgmann-Website unter »Rezepte« lässt sich eine umfangreiche Sammlung von Cocktailkreationen weiterer Bar-Größen herunterladen.

http://borgmann1772.com/de/rezepte

Schuld war nur der Apotheker

Vor gar nicht langer Zeit waren flüssige Kräuter noch reine Arznei

Von links nach rechts: Jörn Clausen, Jan Borgmann und Hendrik Borgmann

Jedes Mal, wenn ich als Kind bittere Medizin schlucken musste und daraus einen mittelgroßen Aufstand gemacht habe, hat mein Vater zu mir gesagt: »Der Arzt kann dir ja kein Marzipan verschreiben.« Schon etwas länger hätte es dann wohl heißen müssen: »Er kann dir ja keinen Schnaps verschreiben« – aber das sah vor wenigen Hundert Jahren noch ganz anders aus.

Bereits im Mittelalter stellten viele Apotheker ihre eigenen Kräuterliköre her, die bei Magen-Darm-Verstimmungen und bei Krankheitssymptomen helfen sollten. Die Tradition des Apothekerschnapses war in Deutschland in der Zwischenzeit so gut wie ausgestorben. Doch einige Vertreter haben sich – wie die Borgmanns (siehe Bild) – gehalten oder ihr Wissen und Können wiederbelebt.

BECHEROVKA

Josef Vitus Becher führte Anfang des 19. Jahrhunderts die Apotheke Zu den drei Lerchen am Marktplatz im böhmischen Kurort Karlsbad. 1794 mietete er einen Destillierapparat, experimentierte mit Kräuter- und Gewürzessenzen und entwickelte mit einem Arzt aus England einen grünlich-gelben Magenbitter: den Becherovka.

AROMATIQUE

Als Anfang des 19. Jahrhunderts im thüringischen Neudietendorf und Umgebung eine Epidemie ausbrach, stellte der einheimische Apotheker Daniel Thraen aus Naturstoffen, die von alters her für ihre heilsame Wirkung auf Magen und Darm bekannt waren, ein alkoholhaltiges Heilmittel her: »tinctura aromatica composita«. Die Nachfrage hielt in besseren Zeiten an, was den nachfolgenden Apotheker, Theodor Lappe, dazu brachte, die Notmedizin zur Spirituose weiterzuentwickeln und den Magenbitter ab 1828 als Aromatique zu vertreiben.

SCHWEDENBITTER

Das Rezept für diesen Trunk geht auf eine schwedische Mixtur aus dem Jahre 1692 zurück. Heute setzt ihn zum Beispiel die Zieten Apotheke in Berlin-Kreuzberg selbst an und füllt ihn in kleine Medizinfläschchen ab. Für echten Genuss ist er allerdings viel zu bitter. Tipp: in Wasser oder Tee trinken!

TIPP

Direkt neben der 600 Jahre alten Apotheke in der Schuhstraße 4 in Braunschweig haben die Borgmänner ein Bar-Café-Restaurant eröffnet: die Apotheke.

www.apotheke-bar.com

5 DINGE

DIE MAN MIT KRÄUTERSCHNAPS TUN KANN – AUSSER IHN ZU TRINKEN

Zusammengestellt von TINA EPKING

KOCHEN

Coq au vin kennen wir alle, und mit der Wodkaflasche am Herd zu stehen ist auch schon nichts Neues mehr. Wer originell sein möchte, gibt mal einen Schuss Kräuterschnaps an seine Fischsuppe, den Tafelspitz oder das selbst gemachte Chutney. Eine Sauce für Huhn, Kalb und Fisch kann man wunderbar mit Noilly Prat oder Martini verfeinern, Himbeersauce soll mit Underberg erst richtig gut schmecken. Netter Nebeneffekt: Da die Kräuterlikörflasche ja eh in der Nähe ist, kann man sich schon während des Kochens mit gutem Gewissen einen genehmigen.

WUNDEN DESINFIZIEREN

Falls gerade eine Apotheke in der Nähe ist, ist ein Desinfektionsspray natürlich deutlich besser geeignet, sagt der Arzt unseres Vertrauens. Aber im Notfall (etwa beim einsamen Abenteuerurlaub in Lappland) tut es auch der Jägermeister aus dem Flachmann. Einfach großzügig über die Wunde schütten – besser als gar keine Erste Hilfe ist diese DIY-Methode auf jeden Fall!

DEN ABFLUSS REINIGEN

Das geht zwar nicht mit Schnaps allein, aber er hilft dabei. Spülmittel plus einen Spritzer Kräuterschnaps, 200 Gramm Backpulver und darauf ein halber Liter kochendes Wasser. Falls das nicht hilft, kann man den Schnaps immer noch trinken, während man auf den Klempner wartet.

INHALIEREN

Ob das Ganze gesundheitlich zu empfehlen ist, wissen wir nicht genau. Möglich ist es auf jeden Fall. Tatsächlich gab es in London sogar schon mal ein Projekt, bei dem bei 140 Prozent Luftfeuchtigkeit der Alkohol nur über den Dunst im Raum eingeatmet wurde. Allerdings mussten die Besucher dort Plastikmäntel mit Kapuzen tragen, um Haut und Haare zu schützen, und wurden außerdem mit Schildern dazu angehalten, »verantwortungsvoll zu atmen«. Klingt zu gefährlich? Die Inhalation mit Klosterfrau Melissengeist ist vergleichsweise harmlos und soll bei Erkältung helfen.

BLUMEN LÄNGER FRISCH HALTEN

Schnaps wirkt nämlich antibakteriell. Einfach einen Schuss ins Wasser geben, fertig. Mit grünem Absinth sieht das Ganze sogar echt schick aus, bei der Zugabe von Underberg sollte man der Optik zuliebe allerdings die Keramikvase der Glasvariante vorziehen.

A B
S
C K

ABSACKEN

Da steht er, der eine, der uns morgen leidtut. Der aber jetzt in diesem Moment das Beste und Folgerichtigste ist, an das wir denken können. Die Krönung unserer Freundschaft – ob aus Kindertagen oder gerade frisch an der Bar geschlossen. Diese Runde geht auf mich. Und wer zahlt, bestimmt, was es gibt. Wir erheben unsere kleinen Gläser – auf uns, auf diesen Abend, auf viele weitere, und überhaupt: So jung kommen wir nicht mehr zusammen!

HAUSBESUCH BEI DER GRÜNEN FEE

WAS IST DRAN AN ALL DEN MYTHEN, DIE SICH UM DEN ABSINTH RANKEN?

Text **LENA WESSOLLEK**

Lena Wessollek landete in einer Bar, in der die sagenumwobene Wermutspirituose in vierhundertfacher Ausführung ausgeschenkt wird – und war danach zu keinem klaren Urteil mehr fähig …

Ich ging gerade mit meinem Golden Retriever in der Kalahari Gassi, als ein ausgewachsenes Löwenmännchen unseren Weg kreuzte. Und es überraschte mich seltsamerweise kaum, dass mein Haustier plötzlich zum Sprint ansetzte, auf den Koloss von Raubkatze hechtete und ihn mit einem sauberen Biss ins Genick tötete. An dieser Stelle des Traums wachte ich auf.

DIE MUSE, DIE IN DEN WAHNSINN TREIBT

Etwas verstört, leicht benebelt, aber mit der klaren Erkenntnis, dass meine nächtlichen Irrwege nur meiner neuen Bekanntschaft vom Vorabend zuzuschreiben sein konnten. Ich war mit Freunden unterwegs gewesen, und zu fortgeschrittener Stunde waren wir einer Dame begegnet, die für Künstler wie Vincent van Gogh, Henri de Toulouse-Lautrec oder Oscar Wilde als Muse galt und die schon viele nicht nur berauscht, sondern sogar in den Wahnsinn getrieben haben soll: der »Grünen Fee«, einer Spirituose mit schwindelerregendem Alkoholgehalt, die den Namen ihrer Farbe verdankt. Besser bekannt ist sie unter dem Namen Absinth. Dieser sagenumwobene Stoff wird in einer Bar mit dem ebenso schlichten wie treffenden Namen Absinth im Hamburger Schanzenviertel in vierhundertfacher (!) Ausführung ausgeschenkt – gestern Abend erstmalig auch an mich (allerdings nur zweifach, erst mal langsam an die Sache herantasten) …

DIAGNOSE: AKUTER ABSINTHISMUS!

»Wieso willst du in eine Absinth-Bar? Du bist doch Mutter!«, fragt jemand aus meiner fünfköpfigen Ausgehflotte, als wir unter dem smaragdgrün leuchtenden Schild des Ladens stehen, das mich stark an die Beschriftung der Pariser Jugendstil-Metro-Stationen erinnert. So als würde ich sofort in einen irreversiblen Zustand völligen Wahnsinns verfallen, nur weil ich mal an jenem Kräuterschnaps nippe, der in Teilen Europas und den USA lange verboten war. Diagnose: akuter Absinthismus! Wissenschaftler haben allerdings längst widerlegt, dass der Anteil des Nervengifts Thujon im Absinth hoch genug ist, um Halluzinationen auszulösen. Tatsächlich sind nur Spuren davon enthalten – ohne psychoaktive Wirkung. Reinhauen tut dafür umso mehr der hochkonzentrierte Alkohol (es gibt Sorten mit 85 Prozent!). Und auch wenn jetzt feststeht, dass es bloß wegen der Promille bei dem ein oder anderen einflussreichen Künstler mal aushakte, so ändert das an der Faszination, die von der Grünen Fee ausgeht, rein gar nichts. Wahrscheinlich finden wir an diesem unschuldigen Samstagabend genau deshalb eine brechend volle Bar vor, als wir die leicht beschlagene Glastür öffnen.

Hamburg im Jahre 2016 lassen wir in diesem Moment hinter uns. Leise Jazzklänge, tropfende Kerzen, ein mit Pfauenfedern geschmückter Tresen. Wir sind irgendwo im Prag der 1920er-Jahre gelandet, vielleicht auch in Paris – oder an einem Ort, den es nie gegeben hat. Zwei scheue, irgendwie aus der Zeit gefallene Wesen ganz in Schwarz füllen Glaskaraffen mit Eiswasser, lassen Besucher an Flaschen geheimnisvollen Inhalts schnuppern und tun das mit einer solchen Ruhe und so viel Bedacht, als handle es sich um ein kostbares Heilelixier. Vorm Tresen drängen sich derweil die Gäste, vorwiegend junge Männer auf Abenteuermission (»›Delirium‹ klingt vielversprechend, der hat 70 Umdrehungen«, »Ich mach heute Abend mal voll auf Hemingway« …), doch das scheinen die beiden kaum wahrzunehmen. Sie stellen sich als Jan und Yvonne vor. Keine Ahnung, was ich erwartet hatte, aber sicher nicht derart irdische Vornamen.

DER RAUSCH HAT EINE ABSOLUTE KLARHEIT

Während Yvonne (dunkelrote Lippen, steampunkmäßige Schnürstiefeletten, Elfengestalt) gemäß dem böhmischen Ritual perforierte Löffel auf unsere Gläser legt, auf jedem ein herzförmiges Stück Zucker drapiert, langsam den Alkohol darüber laufen lässt und schließlich den Zucker anzündet, erzählt sie von ihrer Liaison mit dem bis heute dämonisierten Trunk. Sie sei eigentlich Künstlerin, dadurch dem Absinth näher und schließlich auf die Idee mit einer eigenen Bar gekommen: »Er verstärkt die Gemütszustände, Farben, Formen, Musik, man nimmt alles intensiver wahr«, sagt sie, und ergänzt eindringlich: »Der Rausch hat eine absolute Klarheit.«

PASSIERT DAS GERADE WIRKLICH?

Ich habe mich für einen Authentique aus Tschechien entschieden, die Lieblingssorte der Bardame, 65 Prozent Alkohol, der sich milchig trübt, als ich etwas Wasser hinzugieße. Fast eine Dreiviertelstunde arbeite ich an meinem Drink, habe bald das Gefühl, dass der Boden unter mir leicht nachgibt, so als liefe ich über Schaumstoff. Als ich eine junge Frau, Typ Kunstpädagogik-Studentin, dabei beobachte, wie sie mit einer Rose zwischen den Zähnen Zungenbrecher aufsagt, bin ich mir nicht mehr so sicher, dass Yvonne mir die Wahrheit über den Absinth-Rausch gesagt hat. Klarheit? Bei mir scheint sich das Urteilsvermögen mindestens so getrübt zu haben wie der Schnaps, seit er mit Wasser in Kontakt kam. »Passiert das wirklich?«, frage ich eine meiner Freundinnen ungläubig. Sie nickt. Später kommen mir allerdings Zweifel daran, ob ich in ihr eine vertrauenswürdige Zeugin gefunden habe: Bei dem Versuch, die Bar zu verlassen, sehe ich sie eine kleine Ewigkeit hilflos nach der Türklinke tasten.

So ein Besuch in einer Absinth-Bar zeichnet sich keinesfalls durch seine Dauer aus. Dafür sind die Getränke zu stark, die Musik (sphärischer Jazz meets Nancy Sinatra meets Oper)

ist zu schräg, und nach mehr als zwei Gläsern würde man wohl eher anfangen, Seelenbilder der anderen Gäste zu malen, als auf dem Tresen zu tanzen. Partystimmung kommt jedenfalls keine auf. An einem der runden Holztische, wo eben noch der aus Großbritannien eingeflogene Junggesellenabschiedstross den Künstlertrunk herunterkippte wie Jägermeister, studiert nun ein älterer Herr die Karte mithilfe einer Stirnlampe. Und auch wenn auf mehrfache Nachfrage keiner meiner Freunde bereit war, diese Beobachtung zu bestätigen, bin ich ganz sicher, es wirklich gesehen zu haben.

Drin ist, was draufsteht – nur eine von mindestens 400 Absinth- Varianten.

Info

Das intensive Grün vieler Sorten stammt übrigens vom Chlorophyll in Wermut, Ysop, grünem Anis, Melisse und Minze.

Die Autorin

Die Journalistin Lena Wessollek lebt in Hamburg und schreibt mit Vorliebe Reportagen, Porträts und Glossen für Frauen- und Reisemagazine. Der vorliegende Text vereint das Beste aus ihren unterschiedlichen Lieblingsformaten.

DIE SCHNAPSNASEN

UNSERE EXPERTEN ANTWORTEN AUF DIE WICHTIGSTEN FRAGEN RUND UMS THEMA FLÜSSIGE KRÄUTER

PETER REGNERY

MITBEGRÜNDER DER »WHATSCHNAPPS«- GRUPPE

Peter Regnery ist Creative Director in Hamburg. Den ersten Schnaps gab's jedoch in seiner Heimat an der Mosel. Damals allerdings noch nicht auf Kräuter-, sondern natürlich auf Traubenbasis.

MEIN ERSTER KRÄUTERSCHNAPS ...

... war eigentlich gar kein Schnaps, sondern ein Likör – der gute alte Jägermeister. Den trank ich damals zusammen mit einem kalten Bierchen, also als klassisches Herrengedeck. Auch heute mag ich diese Kombi noch sehr gern – Kräuter passt einfach sehr gut zu kühl und blond.

MEIN SCHÖNSTES ODER SCHLIMMSTES KRÄUTER-SCHNAPS-ERLEBNIS

Mein schönstes Schnapserlebnis war ein spontanes »digitales« Trinkgelage. Da haben wir uns in Hamburg mit Freunden in München über WhatsApp so richtig schön einen oder besser gesagt ganz viele Kleine reingestellt. Natürlich mit ganz vielen Foto-»Prooostings« und lallenden Sprachnachrichten. Inzwischen ist die WhatSchnApps-Gruppe immens gewachsen, und es tönt regelmäßig digital aus allen Ecken Deutschlands »Schnaaaaaps!«. Allerdings ist auch bei Schnaps 2.0 der Kater am nächsten Tag immer noch analog und lässt sich nicht wegklicken. An mein schlimmstes Kräuterschnaps-Erlebnis habe ich, wie sich das gehört, keinerlei Erinnerung mehr.

DER BESTE LADEN ZUM ABSACKEN

Ich sag ja immer, wenn das Theaterstück gut ist, ist die Bühne egal – will sagen, wenn die Stimmung stimmt und man die richtigen Leute am Start hat, ist jeder Laden der beste Laden zum Absacken.

AM LIEBSTEN TRINKE ICH KRÄUTERSCHNAPS MIT ...

Hier bleibe ich meinen Kräuterschnaps-Wurzeln treu, schließe den Kreis und sage: ... einem schönen kalten Bier.

ANNA PASDZIERNY

TEXTE ÜBER SCHNAPS SCHREIBEN – GIBT ES EINEN SCHÖNEREN JOB?

Autorin und Journalistin Anna Lea Pasdzierny lebt und arbeitet in Berlin. Unter anderem hat sie am Buch *Geistige Getränke* mitgewirkt.

MEIN ERSTER KRÄUTERSCHNAPS

Erysidoron hieß das Teufelszeug. Mit sechs Jahren fing ich an damit. Es enthielt als Kräuterzutat Tollkirsche bei 40 Prozent Alkohol und sollte gegen eitrige Rachenentzündungen helfen. Schmeckte auf Anhieb.

MEIN SCHÖNSTES ODER SCHLIMMSTES KRÄUTER-SCHNAPS-ERLEBNIS

In der Berliner Absinthbar. Glaubte an den kommunikationssteigernden Effekt nicht, bis ich im Laufe des Interviews mit dem Besitzer merkte, dass beim zweiten Glas der Mund das Gehirn überholte. Nicht ungefährlich.

DER BESTE LADEN ZUM ABSACKEN

Zurzeit die Hefner Bar am Savignyplatz. Nicht zu unterschätzen sind nämlich Unterlegpapierchen und gerösteter Chilimais. Der Drip-brewed-Kaffee resettet auf gefühlte null Promille.

AM LIEBSTEN TRINKE ICH KRÄUTERSCHNAPS MIT …

… Südtirolern, …

…, WEIL …

… die hinterher grundsätzlich schuhplattlern – gerade in der Ballsaison. Und was kann es Schöneres geben?

LARS STOTTMEISTER

NORDDEUTSCHER JETZT-BERLINER UND ERFINDER DES KR/23

Lars Stottmeister ist zudem Gründer der Liquor Company, die besondere Rums, Gins und Tequilas vertreibt. www.theliquorcompany.de

MEIN ERSTER KRÄUTERSCHNAPS

Ich bin auf dem Land in Norddeutschland großgeworden. Dort hat jeder Dorfapotheker einen eigenen Kräuterlikör hergestellt und verkauft. So war dann auch der Dannenberger Apothekerschluck mein erster Schnaps überhaupt.

MEIN SCHÖNSTES ODER SCHLIMMSTES KRÄUTER-SCHNAPS-ERLEBNIS

Das schönste Kräuterschnaps-Erlebnis waren natürlich die ersten begeisterten Reaktionen auf unseren KR/23. Fast ein Jahr hatten wir im stillen Kämmerlein an der Rezeptur gefeilt. Als der KR/23 Familie und Freunden dann offensichtlich sehr gut gefallen hat, waren wir sehr glücklich und stolz.

DER BESTE LADEN ZUM ABSACKEN

Da gibt es hier in Berlin den passenden Laden für jede Gelegenheit. Zum gepflegten Absacken das Kautz und Kiebitz, zum 24/7-Absacken (weil 24 Stunden an sieben Tagen offen) das Schwarze Café und zum Viel-Spaß-haben-Absacken das Ä.

AM LIEBSTEN TRINKE ICH KRÄUTERSCHNAPS MIT …

… einer netten Runde von guten Freunden, …

…, WEIL …

… dann einfach alles passt. Gute Stimmung, gute Laune und guter Kräuterschnaps – natürlich immer KR/23!

CHRISTOPH VON HAVE

INHABER VON HAMBURGS ÄLTESTER SPIRITUOSEN-MANUFAKTUR

Tradition verpflichtet: Seit 1868 stellt die Weinkellerei von Have nach alten Familienrezepten in kleinen Partien und von Hand edle Spirituosen her. www.vonhave.de

MEIN ERSTER KRÄUTERSCHNAPS

Kann nur ein Alter Bergedorfer gewesen sein. Bestimmt im Kreis der Familie nach einem festlichen Essen. Aber ich kann mich schlichtweg nicht erinnern! Muss man sich da Sorgen machen?

MEIN SCHÖNSTES ODER SCHLIMMSTES KRÄUTER-SCHNAPS-ERLEBNIS

Das schlimmste werde ich nie vergessen: die Lehrstunde mit meinem Vater – ganz zu Anfang meiner »Karriere« – bei einer Kräuterbitter- und Halbbitterprobe mit 40 Sorten Kräuter. Für mich als Novize in diesem Bereich schmeckte nach dem fünften Glas alles gleich bitter. Und trotzdem ging es darum, die feinen Unterschiede zu entdecken, und nicht darum, einfach nach seinem persönlichen Geschmack zu gehen. Die sachliche Beurteilung stand im Vordergrund. Und das schönste? Eine Nacht mit guten Freunden, Doppelkopf und viel gutem Kräuter. Kein Tropfen wurde geopfert – alles vernichtet! Lang, lang ist's her!

DER BESTE LADEN ZUM ABSACKEN

Wer die Vielfalt liebt, schweigt hier besser und genießt!

AM LIEBSTEN TRINKE ICH KRÄUTERSCHNAPS MIT ...

PUR! Wer Kräuter liebt, trinkt Kräuter pur, um die Vielfalt zu entdecken, die in ihm steckt.

SILKE WOLF

DIE CO-CHEFIN VOM GETRÄNKE-PARADIES WOLF WEISS, WIE'S GEHT

Die Familie Wolf versorgt mittlerweile nicht nur die Hamburger mit ganz alltäglichen und besonderen Alkoholika. www.spirituosen-wolf.de

MEIN ERSTER KRÄUTERSCHNAPS

Wahrscheinlich wie bei ganz vielen: bei der eigenen Konfirmation. Was genau? Keine Ahnung … Ich habe mich aber wohl auf dem Digestif-Tablett vergriffen und das Glas nicht ausgetrunken – zur Freude meiner Mutter.

MEIN SCHÖNSTES ODER SCHLIMMSTES KRÄUTERSCHNAPS-ERLEBNIS

Zelturlaub in Südspanien, kurz nach dem Abi. Nur meine Freunde und ich und ganz viel Neugier auf alles. Abends dann unter dem funkelnden Sternenhimmel eine Flasche Hierbas, leider warm, aber irgendwie schön. Oder schlimm? Auf jeden Fall unvergessen.

DER BESTE LADEN ZUM ABSACKEN

Einer, bei dem man auch draußen sitzen kann, etwa hier ums Eck im Schanzenviertel, am Hafen, am Elbufer – es gibt so viele schöne Locations in Hamburg. Und: Sind Freunde dabei, ist es überall perfekt.

AM LIEBSTEN TRINKE ICH KRÄUTERSCHNAPS MIT …

… ganz viel Eis! Auf Crushed Ice verändert er so schön den Geschmack – fast, als ob sich immer wieder ein anderes Aroma nach vorn schiebt. Ganz wunderbar!

THOMAS KOCHAN

»DR. SCHNAPS« WEISS IMMER RAT – ZUMINDEST IN PUNCTO SPIRITUOSEN

»Kräutergetränke sind meine heimliche Leidenschaft«, so Thomas Kochan im Vorgespräch. Gar nicht heimlich: sein (Online-)Shop www.schnapskultur.de

MEIN ERSTER KRÄUTERSCHNAPS

Zinnaer Klosterbruder mit meiner Oma, einer großen Kräuterfreundin. Ihre Devise: Ein kleiner Schluck kann doch nicht schaden. Und einen zweiten gab's nicht.

MEIN SCHÖNSTES ODER SCHLIMMSTES KRÄUTER-SCHNAPS-ERLEBNIS

Westalpen, Valle Maira, Palent, 1600 Meter über null: Besuch bei Matteo Laugero, dem spirituellen Kräuterfarmer. Ein langer Holztisch, das Essen ist prima, wir radebrechen. Danach kommt sein Liquore di Genepy auf den Tisch. Wir sprechen eine Sprache!

DER BESTE LADEN ZUM ABSACKEN

Eher zum Einsacken: das Spirituosengeschäft Bruns in Rotenburg/Wümme. Von hier kommt Bruns Bitter, 35 pflanzliche Zutaten, kein Zucker, 48 Volumenprozent. Ein schwerer, tiefer, dichter Boonekamp, danach rührt man keinen Supermarkt-Bitter mehr an.

AM LIEBSTEN TRINKE ICH KRÄUTERSCHNAPS MIT ...

... meiner Frau, ...

..., WEIL ...

... sie früher so etwas gar nicht mochte und eines Abends fragte: Wollen wir noch einen Klosterlikör aus St. Ottilien trinken? Für mich die schönste Liebeserklärung.

HUBERTINE UNDERBERG-RUDER

EINE GRANDE DAME DES DIGESTIFS GIBT SICH DIE EHRE

Dr. Hubertine Underberg-Ruder
ist Verwaltungsratspräsidentin der
Underberg-Gruppe.
www.underberg.com

MEIN ERSTER KRÄUTERSCHNAPS

… war natürlich ein Underberg, genauer gesagt ein Drittel eines Underberg – trotz des Verbots meiner Eltern, geteilt mit meinen beiden Geschwistern im Schulalter.

MEIN SCHÖNSTES ODER SCHLIMMSTES KRÄUTERSCHNAPS-ERLEBNIS

Das schönste: ein erstes Underberg-Sorbet, kreiert in den 1970er-Jahren von meiner Mutter.

DER BESTE LADEN ZUM ABSACKEN

… ist immer dort, wo man auf andere Underberg-Freunde trifft, mit denen man den Abend mit dem Rheinberger Kräuter beschließt.

AM LIEBSTEN TRINKE ICH KRÄUTERSCHNAPS MIT …

Wenn es Brasilberg ist: als Rio Negro geschichtet über Tonic Water …

…, WEIL …

… man durch Rühren den Amazonas im Glas erzeugt – tropischer Genuss!

MARTIN ERDMANN

DER MANUFACTUM-EINKÄUFER SETZT AUF HANDGEMACHTES

Als Einkäufer für Klosterprodukte und Lebensmittel wählt Martin Erdmann all die leckeren Sachen aus, bei denen uns das Wasser im Mund zusammenläuft. www.manufactum.de

MEIN ERSTER KRÄUTERSCHNAPS

Meinen ersten habe ich im Kloster getrunken, als Küchenpraktikant. Nach anstrengendem Dienst gab es einen ziemlich süßen, ziemlich starken Kräuterlikör nach Hildegard von Bingen.

MEIN SCHÖNSTES ODER SCHLIMMSTES KRÄUTER-SCHNAPS-ERLEBNIS

Grandiose Gebirgslandschaft in Südtirol auf den Spuren eines besonderen Kräuterlikörs. Bis zu den Latschenkiefern kamen wir nicht, sondern mussten auf dreiviertel Höhe vor meterhohem Schnee umkehren.

DER BESTE LADEN ZUM ABSACKEN

Das Stadtcafé München am St.-Jakobs-Platz.

AM LIEBSTEN TRINKE ICH KRÄUTERSCHNAPS MIT …

… pur, …

…, WEIL …

… Kräuteraroma zum perfekten Genuss reicht. Aber noch ein kulinarischer Tipp: ein kleiner Vanillepudding nach Gugelhupf-Art, in der Mitte aufgefüllt mit Chartreuse Verte!

TOM INDEN

DER SCHNAPSMACHER: »ZWICKT DIE WAMPE, TRINK 'NEN MAMPE!«

Tom Inden erweckt seit 2013 die älteste Berliner Spirituosenmarke Mampe, Erfinder des Halb&Halb, zu neuem Leben.
www.mampe.berlin

MEIN ERSTER KRÄUTERSCHNAPS

1977 bei der Meisterfeier meiner Dorffußballmannschaft. Wach geworden bin ich am nächsten Morgen im Eingang des örtlichen Schreibwarenladens.

MEIN SCHÖNSTES ODER SCHLIMMSTES KRÄUTER-SCHNAPS-ERLEBNIS

Mein schlimmstes? Mein erstes – siehe Frage eins. Das schönste ist, dass ich mit Mampe Halb&Halb jeden Tag meinen eigenen Kräuterlikör machen und verkaufen darf. Wobei es genau genommen kein Kräuter-, sondern ein Feinbitterlikör ist.

DER BESTE LADEN ZUM ABSACKEN

Ach du je, da gibt es in Berlin Hunderte. Aber meinen Einschlaf-Mampe trinke ich im Tomsky im Winskiez. Verraucht, Schrammelmusik, Billard – und ich wohne gleich obendrüber.

AM LIEBSTEN TRINKE ICH KRÄUTERSCHNAPS MIT …

… den Berliner Mampe-Fans, …

…, WEIL …

… die dafür sorgen, dass ich nicht nur Schnaps im Glas, sondern auch Butter auf dem Brot habe.

EIN GEHEIMNISVOLLES MÄNNLEIN

DIE BUTZELMANN-GESCHICHTE – ERZÄHLT VON AXEL HOPPENHAUS, SOHN DES ERFINDERS

Text **AXEL HOPPENHAUS**

Als mein Vater Wilhelm die erste Probe seiner neuen Kreation mit nach Hause brachte, ahnte niemand von uns, dass dies die Geburtsstunde des Butzelmann sein würde. In den letzten Monaten war Wilhelm in seine Kellergewölbe abgetaucht, um etwas Außergewöhnliches zu schaffen: einen Kräuterlikör, der

das Zeug hätte, unseren Betrieb zu einem überregionalen Anbieter zu machen. 150 Jahre zuvor, im Jahre 1817, hatte sein Ur-Urgroßvater, der Hofbesitzer Johann Wilhelm Hoppenhaus, im bergischen Ort Metzkausen (heute Mettmann) in der Nähe des Neandertals eine Brennerei gegründet, die später nach Haan umziehen sollte.

DIE NACHFRAGE NACH »GEISTIGEN GETRÄNKEN« WAR GROSS

Die Nachbarschaft zur damaligen Textil-Metropole Wuppertal brachte immense Vorteile mit sich: Nach getaner Arbeit an dampfmaschinengetriebenen Webstühlen und ausgestattet mit vollen Lohntüten suchten die Arbeiter Entspannung in den Schankwirtschaften. Die Nachfrage nach »geistigen Getränken« war groß – und die etwa 40 bergischen Brennereien waren gut ausgelastet. Gute Zeiten für die Familie Hoppenhaus. Schwieriger wurde es nach dem Zweiten Weltkrieg, als die Amerikaner Spirituosen aus den USA und Südamerika mitbrachten, die vom Nimbus des Exotischen umweht waren. Die Zeiten, in denen man nach der Arbeit einen Klaren trank oder auch zwei, gingen dem Ende entgegen.

VORSICHTIG BEUGTE ICH MICH NACH VORN UND SAH – NICHTS

Wilhelm setzte daher auf Qualität und plante mit einem außergewöhnlichen Produkt die Flucht nach vorn – das war die Zeit, in der wir unseren Vater kaum sahen. Aber wenn er nicht rechtzeitig zum Abendessen erschien, gingen meine Schwester Kristin, mein Bruder Felix und ich in den Betrieb und holten ihn.

Ins Brennereigebäude führte uns ein alter Torweg, der mit großen, schweren Holztoren zur Straße hin verschlossen werden konnte. Die Tore waren mit Eisenbeschlägen an dicken Mauern aufgehängt und konnten mit einem Vierkantholz verriegelt werden. Bis in die Dreißigerjahre fuhren Pferdefuhrwerke hier durch, später auch Lastwagen von Magirus oder Henschel. Auf uns Kinder wirkte das ganze Anwesen erhaben und geheimnisvoll. Es gab zum Beispiel einen alten Brunnen unter dem Hauptgebäude, der von unseren Vorfahren 25 Meter tief in den Fels gesprengt worden war und der glasklares Wasser für die Produktion lieferte. Dorthin gelangte man nur mit einem unglaublich langsamen Fahrstuhl, der bei schummrigem Licht in die Tiefe zuckelte. Ich erinnere mich noch mit leichtem Schaudern an den Tag, als ich zum ersten Mal im Kellergewölbe vor dem eisernen Inspektionsluk des Brunnens saß. Wilhelm öffnete das Luk mit einem kräftigen Ruck und bedeutete mir, einmal hineinzuschauen. Vorsichtig beugte ich mich nach vorn und sah – nichts. Es war rabenschwarz dort drunten. Mein Vater ließ ein kleines Steinchen in den Schacht fallen. Erst nach einer gefühlten Ewigkeit machte es leise »plitsch« – und sofort überkam mich die Vorstellung, wie grässlich es sein müsste, von einer dunklen Macht hinuntergestoßen zu werden.

Auf der Suche nach unserem Vater wurden
meine Geschwister und ich im Treppen-
haus von einem herrlichen Kräuterduft
empfangen, der uns direkt zu ihm führte.
Inmitten von unterschiedlichsten Gerät-
schaften rührte er seinen Zaubertrank
an. Eine Reihe Holzfässer stand auf hölzernen Sockeln, davor je eine Kupferkan-
ne zum Auffangen der Tropfen, die aus
den Zapfhähnen fielen. Wilhelm stand auf
einer Leiter und schüttete einen Krug reinen Alkohols in den großen Rührbottich.
»Was, schon Abendessen? Na gut – hier,
nehmt schon mal die Flaschen mit. Wir
müssen gleich mal was probieren.«

»WIR MÜSSEN GLEICH MAL WAS PROBIEREN«

Wie immer ließ unser Vater uns an der
Neuentwicklung teilhaben, obwohl wir
noch minderjährig waren. Bei einer Blind-
verkostung mit allen Mitarbeitern hatte
der Butzelmann bereits bestens abge-
schnitten. Aber meine Mutter Ilse, meine
Geschwister und ich waren für ihn so etwas wie die letzte Instanz. Wir sollten zur
Sicherheit noch einmal gegentesten. Zehn
verschiedene Kräuterliköre verbargen sich
also in Flaschen, die mit Papier umwickelt
und nummeriert waren – nur eine davon
der Butzelmann. Jeder hatte einen Zettel
für die Bewertung vor sich. Das Ergebnis
war eindeutig: Der Butzelmann gewann,
und wir gingen glücklich ins Bett.

Aber wie sollte die Flasche aussehen? Wilhelm hatte auf geheimnisvolle Weise eine außergewöhnliche Köstlichkeit geschaffen, die er in einem lichtundurchlässigen Tonkrug geschützt wissen wollte. Ein runzeliges, aber lebensfrohes Männlein, um das sich Geschichten ranken, sollte das Geheimnis bewahren. Mit dieser Idee beauftragte Wilhelm den Haaner Künstler Wolfgang Niederhagen, dessen Butzelmann-Bild bis heute nahezu unverändert das Etikett prägt.

ES TANZT EIN BI-BA-BUTZEMANN ...

Der Name Butzelmann ist übrigens abgeleitet von dem alten Kinderlied *Es tanzt ein Bi-Ba-Butzemann*. Dieses Lied sang Wilhelm abends an Kristins Bett, und bei der Stelle »er rüttelt sich, er schüttelt sich«, da rüttelte Wilhelm seine Tochter an den Schultern, sodass sie unablässig lachte. So ist der Name Butzelmann wohl auch eine kleine Liebeserklärung an die Tochter des Erfinders.

Unsere alte bergische Brennerei in Haan gibt es heute leider nicht mehr, seit Wilhelm sie aus Altersgründen im Jahre 1998 stillgelegt hat. Doch der Butzelmann wird heute noch nach Wilhelms Original-Rezeptur hergestellt und schmeckt wie eh und je. Wir Geschwister wünschen ihm auf jeden Fall weiterhin alles Gute auf seinem Weg in der Welt der geistigen Kräuter-Köstlichkeiten.

DER BUTZELMANN

wird heute von der Sektkellerei Bernard-Massard in Trier hergestellt.

DER AUTOR

Axel Hoppenhaus hat es nicht ins Kräuterschnaps-Business gezogen. Mit 15 ging er auf ein Internat auf der Insel Spiekeroog, wo er segeln lernte, wurde später Bootsbauer und Designer. Heute lebt und arbeitet er als Unternehmer in Hamburg, wo er Yachtzubehör entwickelt, das er unter der Marke NOMEN weltweit vertreibt.

Ich trage einen grossen Namen

Namen sind angeblich Schall und Rauch. aber gilt das auch, wenn Produkte sehr absurd heissen?

Zusammengestellt von **Dorthe March**

Es gibt Spirituosen, bei denen sieht man auf den ersten Blick, wer sie macht oder was man bekommt. Underberg ist so ein Fall. Oder Helbing, Hamburgs feiner Kümmel. Manchmal braucht man auch eine Sekunde länger, doch versteht trotzdem recht schnell, was serviert wird. Am lustigsten ist es aber, wenn man zwei- oder vielleicht sogar dreimal hingucken muss und mitunter nur mit Mühe realisieren kann, was sich Hersteller X oder Marketingleiter Y da ausgedacht hat. Einen Ehrenplatz hat hierbei natürlich der Butzelmann verdient: Deshalb bekommt er direkt ein eigenes Porträt (siehe Seite 134).

STICHPIMPULI-BOCKFORCELORUM

So geht's auch – einfach die Anfangssilben der Zutaten aneinanderreihen!

»Stichos heißt: 'ne große Menge
von Krautextrakten ein Gedränge;
Pimpernuss der Pimpernelle,
freundlich sich dazu geselle, [...]
Lotus aßen mit Behagen
schon bei Homer die Lotophagen;
Rum, des Zuckerrohres Saft,
dem Likör die Rundung schafft.«

MAIKÄFERFLUGBENZIN

In ganz Westfalen tragen die Einwohner vieler Orte einen traditionellen Beinamen – die Wünnenberger etwa Maikawels, mundartlich für Maikäfer. Die Verbindung von regionaler Identität und Sprit – in allen Bedeutungen des Wortes – verschafft dem Maikäferflugbenzin höchste Aufmerksamkeit.

SECHSÄMTERTROPFEN

Im 15. Jahrhundert entstanden »im Land vor dem böhmischen Wald« sechs Verwaltungsbezirke, für die sich der Name »Sechsämterland« einbürgerte. Hauptstadt dieser Markgrafenschaft wurde Wunsiedel. Von dort kommt seit 1895 der Sechsämtertropfen, dem die Vogelbeere seinen würzig-feinherben Geschmack verleiht.

KETTENFETT

»Schwarz, stark, lecker – so läuft das«, »rostige Kehlen kann man schmieren« und ähnliche Weisheiten mögen die Macher von Kettenfett. Mit dieser rustikalkumpeligen Attitüde passt Kettenfett im Spirituosenregal gut neben andere Lakritzliköre mit einer vergleichbaren Haltung, etwa Dirty Harry oder Black Jack.

KILLEPITSCH

Seeehr düsseldorferisch ist diese Namensgebung. Jenseits der Stadtgrenzen versteht man beim ersten Lesen der Geschichte nur so viel: Zwei Kameraden hoffen, während der Bombardierung im Zweiten Weltkrieg zu überleben. Wenn das gelingt, macht einer für den anderen einen Schnaps. Es ist gut ausgegangen.

KRABELDI-WANDENUFF

In Schornsheim zwischen Mainz und Oppenheim stellt die Firma Hindel unter anderem den Krabeldiwandenuff her. Grundkenntnisse des lokalen Dialekts helfen, den Namen zu verstehen. Vielleicht tut's aber auch das ein oder andere Gläschen der Mischung aus grünem Minzlikör, Sambuca – und Tabasco.

SCHOAS-TREIBER

Wenn man es genau nimmt, gehört dieser Schnaps in die Kategorie »Drin ist, was draufsteht«. Auf die positive Wirkung von Kümmel auf den Verdauungstrakt haben wir hier oft genug hingewiesen. Deshalb freuen wir uns jetzt einfach nur, dass das Bayerische auch in diesem Fall weniger explizit klingt als Hochdeutsch.

RATZEPUTZ

Dieser Schnaps sucht nach eigenen Angaben weltweit seinesgleichen: Ganz ohne weitere Zusätze gibt einzig und allein Ingwer dieser Spirituose ihren unvergleichlichen Geschmack. Innerlich geputzt fühlt man sich auf jeden Fall schon direkt nach dem ersten Glas des scharfen Schnapses – und zwar, ja, ratzekahl.

MÜMMELMANN

Mümmelmann klingt nach flauschigen Kaninchen und Sonnenschein im Streichelzoo – und nicht zuallererst nach einem Kräuterlikör. Im Zuge des Verschleierungsprinzips hat sich der Hersteller zudem den Kunstbegriff Jagdbitter ausgedacht, der an Großwild wie bei Jägermeister erinnert, ohne dabei explizit zu werden – smart!

BANG, BANG … SHOOT ME DOWN!

AUS DEM TAGEBUCH EINER THEKE – »SCHMIEG DICH AN MICH, PUPPE … ICH HALT DICH!«

Text **NORA TARASJANZ**

Ich sag mal so, es heißt schließlich Schnapsleiche und nicht Weinleiche. Schnaps ist schnell, nicht sexy. Wie ein Feuerwerkskörper geht er scharf hoch, wiegt dich einen kurzen Moment in der Sicherheit, dass es das jetzt war, und krach, peng sprengt er sich und dich in neonfarbener Glut in die Luft. Das kostet ein paar Gehirnzellen, aber was ist schon umsonst, wenn's knallt? Das Schauspiel sehe ich mir jede Nacht an. Wird nie langweilig, ist an jedem Ort auf diesem Planeten gleich, egal ob hier auf'm Hamburger Kiez oder in einer Rooftop-Bar in Bangkok. Schnaps ist ein Statement, eine Statusmeldung ohne Kommentarfunktion. Selbst die wortkarge Puffmutter auf dem Heimweg bestellt ihren Kurzen laut und deutlich: »Ich kipp' die Nacht weg und gehe zu meinen süßen Muschis nach Hause.« Schnaps ist weder Vergangenheit noch Zukunft, Schnaps ist jetzt! Hau wech. Wohlige Wärme, Lebendigkeit in jeder Zelle, Kopfschuss.

Ich stehe zwischen dir und deinen Drinks. Es werden ein paar mehr heute, das merke ich sofort. Du lehnst dich an mich, während dir die Knie schon leicht einsacken. Keine Sorge, ich halt dich, Kleine. Warum du keinen Jägermeister mehr trinkst, will der Lange wissen. Filmrisse in Spielfilmlänge, lügst du, weil du ihm nichts erzählen willst über dich. Ich weiß warum: Helbing und Pfeffi geht besser.

Vor zwei Stunden warst du noch frisch geduscht. Die ersten Runden hast du nur mit deinen Mädels geteilt. Pony hat es sich wieder in der Ecke mit dem Bartträger bequem gemacht. Wie oft sollst du ihr noch sagen, dass er nicht zu ihr stehen wird. Du reichst das Tablett mit Runde vier durch, dabei landet die Glut deiner Kippe auf mir. Sei vorsichtig, du holst dir einen Splitter. Als mein Lack noch frisch war, hast du Milch genuckelt. Es wird eng. Der Barkeeper bedient über deinen Kopf hinweg den Langen. Du lächelst nicht, du lachst ihn an. Das traust du dich nur bei mir, und mit dem fünften Klaren kleckerst du. Macht nichts, Benni wischt es später von mir ab. Er ist ein guter Barmann. Ist selber nicht sein bester Gast, passt auf, dass mich keiner ankotzt oder, sorry, anpisst. True story: Mich haben vier todesbreite Säcke angepisst, da stand ich aber noch in einem anderen Laden.

Die Kanten deines Blickfelds werden weicher. Schnaps ist der beste Filter, da kommt keine App ran. Der Lange stützt sich auf mir ab, aber nicht, weil er es braucht – so ist er näher an deiner Hüfte dran. »Ich hab einfach Durst, muss man sich denn gleich volllabern lassen?«, höre ich Iris motzen. Wir beide wissen, sie steht auf Benni Barmann und wird nach Sonnenaufgang mit ihm den Laden abschließen. Der Lange macht sich noch etwas länger, dir geht's zu schnell. Er weiß nicht, was ich weiß. Seit einem halben Jahr stehst du regelmäßig bei mir. Das machst du, seit dein Ex nicht aus dem Urlaub zurückgekommen ist. Zumindest nicht zu dir. Puppe, heute willst du es auf die harte Tour. Springst auf mich und angelst dir die Flasche Sambuca selber vom Regal. Pass besser auf, es sind schon weniger hübsche Ladys wegen viel weniger hier rausgeflogen. Schnaps ist kein Trost. Er verstärkt die Emotionen, gibt den Dingen einen Schubs. Wie der Lange, der dir eine Papierrose hinters Ohr heftet. Dir zu kitschig, du bist unversöhnlich. Ungeniert erzählst du ihm, wie du richtig dicht das Fahrrad, das dein Ex gebaut hat, über das Brückengeländer getreten hast. Jetzt baumelt der halbe Drahtesel da rum

und du fährst Bahn – immer über diese Brücke. Scheißpeinlich, dieser Schnaps. »Du solltest mal ein Wasser trinken. Geschenkt.« Der Lange zieht Leine. Schnaps will nicht gefallen, aber mit ihm kannst du das Nichtgefallen besser ertragen. Es feiern. Genau das ist es doch, was dich anmacht, wonach du dich sehnst, so wie all die anderen Puppen und Bartträger, wenn ihr eine Runde ordert. Ihr wollt gesehen werden – als das, was ihr wirklich seid: echt traurig, echt glücklich, echt schön, echt kaputt, echt breit.

Wenn die leeren Gläser auf meinen durchfurchten Rücken knallen und euch das Feuerwasser durch die Adern schießt, dann ist egal, was war oder kommt. Einer noch.

Die Autorin

Nora Tarasjanz ist freie Journalistin aus Hamburg. Die leidenschaftliche Baumhausbewohnerin trinkt momentan nur einen Drink: Negroni, wahlweise auch Negrosky – so nennt sich der italienische Cocktail aus rotem Wermut und Campari, wenn der Gin durch Wodka ersetzt wird. Pur, bitter-süß und augenblicklich nach dem ersten Schluck erdend – so, findet sie, lässt es sich am besten mit dem Zeitgeist tanzen.

SCHMECKT'S?

SO ODER SO: ES GEHT SCHNELL VORBEI. WAS UNS SONST NOCH SO EINGESCHENKT WURDE

Welchen Schnäpsen und Likören wir auf dem Weg zum fertigen Buch noch so begegnet sind, zusammengestellt von **DORTHE MARCH**

SAMBUCA

Mit oder ohne Kaffeeboh-
nen, angezündet und abge-
löscht oder kalt aus dem
Eisfach: Sambuca-Trinker
lassen sich nicht über einen
Kamm scheren. Wir denken
beim Anblick der Flasche
vor allem voller Nostalgie
an frühe Gastronomiejobs,
bei denen der ein oder andere Sambuca die Arbeits-
moral oben hielt.

ST-GERMAIN

Der Franzose aus hand-
verlesenen Holunderblü-
ten brilliert als Begleiter
von zum Beispiel Cham-
pagner. Kein Wunder, dass
St-Germain in den Top-
Bars von New York, wo er
seinen Siegeszug starte-
te, auch als »Bartender's
Salt« bekannt ist.

KLOSTERFRAU
MELISSENGEIST

DER Klassiker der Verdau-
ungshilfen – und so nah an
einer echten Medizin wie
kein zweites Produkt. Deshalb raten wir zum präven-
tiven Trinken – der nächste
Kneipenbummel kommt be-
stimmt.

CLOCKERS
HERB

Was mit einem Gin, im
Grunde ja auch nichts
anderes als ein Kräuter-
schnaps, begann, findet
nun seine Fortsetzung im
Kräuter. Unbedingt selbst
probieren – am besten in
der Bar der Clockers-Ma-
cher auf Sankt Pauli.

OCHSENSCHLUCK

Das friesische Original hilft
nach eigenen Angaben un-
ter anderem gegen Lahm-
heit nach der Wattwande-
rung, Seehundsbiss und
Möwenschiss. Wir könnten
uns allerdings vorstellen,
dass auch eine Tasse Ost-
friesentee Probleme dieser
Größenordnung löst.

ZWACK UNICUM

Das »ungarische Gift«, wie ein Freund den Unicum von Zwack nennt, blickt ebenfalls auf eine lange Tradition zurück. Das zeitlose Design und die schöne Kugelflasche machen den starken Likör außerdem zu einem beliebten Souvenir von Reisen nach Budapest oder an den Balaton.

PFEFFI

Ein Ossi erobert das Land! Der einstige DDR-Schlager sorgt in Berlin und im gesamten ostdeutschen Raum schon lange für fröhliche Feiern – und genießt mittlerweile auch Kultstatus in den Kneipen von Kiel, Köln und Kempten.

SCHIERKER FEUERSTEIN

Sogar von Poeten wird der Apothekerschnaps aus dem Harz bedacht. Der Dichter weiß: »Delikat und herzhaft fein schmeckt der Schierker Feuerstein.« Und wir wissen: Was sich reimt, ist gut.

PIMM'S

Als Pimm's Cup mit Zitronenlimonade oder Ginger Ale, Gurke und Eis ein echter britischer Klassiker. Cheers!

APEROL

Mit Prosecco zum Spritz aufgegossen im Sommer gleichermaßen gehasst wie geliebt. So gut wie alle Frauen entscheiden sich für diesen Aperitif – und die Männer sich für Bier.

PASTIS

Als in Frankreich 1915 Herstellung, Vertrieb und Konsum von Absinth verboten wurde, stellten die provencalischen Bauern als Ersatz heimlich »Pastiche« – deutsch: Nachahmung – her. Pastis – die Erfolgsstory eines Fakes.

JEVER DIGESTIF

Wer Bier kann, kann auch Schnaps – das beweisen die friesischen Macher von Jever Pilsener und versetzen frisch gebrautes Bier unter anderem mit Kräutern zu Jever Digestif Black Label. Sehr originell!

GERLEVER

Diese Gelassenheit im Glas, deren Geschichte vor über 500 Jahren im Münsterland begann, schmeckt nicht nur gut. Das reduzierte Flaschendesign schmückt auch noch jede Bar.

KURFÜRSTLICHER MAGENBITTER

Bis heute stellt die Preussische Spirituosen Manufaktur einen schnörkellosen Aufräumer her, quasi likörgewordene Tugenden. Wer den verschmäht, wird mit einem echt preußischen Spießrutenlauf bestraft.

HIERBAS

Sogar einen Kräuterzweig findet man im Hierbas Ibicencas, der unter anderem nach Anis, Thymian, Rosmarin, Zitronen- und Orangenschale schmeckt. Wer nicht wenigstens mal probiert, der war nicht wirklich auf Ibiza.

VON AUFREGERN UND FRÖHLICHMACHERN

ALLES SOCIAL, ODER WAS? WENN EMOJIS ZUM KOMMUNIZIEREN EINFACH NICHT AUSREICHEN

Text **ANTONIA MICHAEL**

Es gibt kein Emoji für Schnaps. Kein niedliches Stamperl. Keinen Kurzen. Nur Sake, Wein, Bier und bunte Cocktails. Das kann ich aber gerade nicht gebrauchen. Vor zwei Minuten hat mir eine Freundin eine Kurznachricht geschrieben, dass ihr Freund eben endgültig aus der gemeinsamen Wohnung ausgezogen ist.

COCKTAILS, WEIN UND BIER SIND EINFACH NICHT DAS GLEICHE WIE EIN SCHNAPS

Auf dem Display meines Mobiltelefons steht: »Tür ist zu. Jetzt ist er weg.« Trauriger Smiley, gebrochenes Herz, Smiley ohne Mund.

Ich tippe: »Verdammt! Jetzt erst mal einen Schnaps.« Smiley mit aufgerissenen Augen, Ghettofaust und … ja, jetzt wäre ein kleines Glas mit einer klaren oder bräunlichen Flüssigkeit Gold wert. Gibt es aber nicht. Jedenfalls nicht bei den Standard-Emojis des japanischen Erfinders Shigetaka Kurita, die ich – wie wohl die meisten Menschen – auf meinem Handy zur Verfügung habe. Und nun? Cocktails, Wein, Bier und Sake sind einfach nicht das Gleiche wie ein Schnaps. Ein Schnaps steht für etwas. Er ist klein, fällt aber ins Gewicht. Er hat Bedeutung. Einen Schnaps zu trinken hat für mich mit Geselligkeit zu tun. Und: Es gibt einen Grund, warum

man zusammen einen Schnaps trinkt: als Absacker nach dem Essen, als Rausschmeißer für den Weg, zur Feier des Tages oder eben, wenn es einen doppelt und dreifach fies erwischt hat. Wenn alles richtig scheiße läuft.

Apropos Scheiße: Sollte ich vielleicht das Emoji »grinsender Kothaufen« hinter meine Kurznachricht setzen? Nein, zum Lachen ist gerade niemandem zumute. Weder mir noch meiner Freundin, die wahrscheinlich allein in ihrer Wohnung hockt und eine Tür anstarrt.

Diese Wohnung, was hatten wir dort für großartige Abende und Nächte. Geburtstage, verlorene Jobs, ein gegründetes Start-up, ein gebrochenes Schlüsselbein und den Aufbruch zu einer Weltreise – all das haben wir mit Spirituosen der etwas härteren Art in geselliger Runde begossen. Stilecht mit erhobenen Gläsern, einem Toast und mehr oder weniger tiefgründigen Worten. Die ersten paar Runden jedenfalls.

Natürlich fand der ein oder andere Schnappschuss der illustren Gruppe seinen Weg auf die Timelines und in die digitalen Fotoalben unserer Social-Media-Accounts. Da sind sie heute noch zu sehen. Das Internet vergisst nichts und zeigt doch nur Momentaufnahmen des wahren Lebens. Die Augenblicke, die man in sozialen Netzwerken teilen möchte, die einen in einem guten Licht dastehen lassen, in denen man glücklich war.

Ich gehe auf den Instagram-Account meiner Freundin und scrolle mich durch ihre Bilder. Bei einem bleibe ich hängen. Es zeigt ihr sonnendurchflutetes Esszimmer. Weiße Wände, helle Dielen, ein bunt gemusterter Webteppich. Im Fokus jedoch steht ein Sideboard.

Ich erinnere mich: Es besitzt eine eingebaute Minibar, und bei geöffneter Schiebetür funkeln Flaschen mit der Messingverkleidung um die Wette. Ich weiß ziemlich genau, was die goldene Minibar so alles beherbergt.

Den Part »Wie wäre es jetzt mit einem Schnaps?« und »Den musst du unbedingt probieren, den habe ich im Urlaub in einer kleinen Destillerie entdeckt« hat allerdings immer der Freund meiner Freundin übernommen. Der, der mittlerweile der Ex-Freund und gerade endgültig ausgezogen ist. Ihm gehört die Kommode samt Barfach. Er hat das Faible für edle Brände und Kräuterschnäpse aus kleinen Brennereien.

»BIN GLEICH DA. BRINGE SCHNAPS MIT.«

Die Kommode hat er bestimmt samt Inhalt mitgenommen. Da, wo sie stand, ist jetzt wahrscheinlich nichts. Nur eine weiße Wand in einer leeren Wohnung, die viel zu groß ist, um sie allein bezahlen zu können.

Auf einmal wird mir ganz kalt ums Herz. Ich höre auf, durch den Instagram-Account meiner Freundin zu wischen und mich über fehlende Emojis aufzuregen. Stattdessen tippe ich: »Bin gleich da. Bringe Schnaps mit.«

JEMANDEN WIEDER #FROHKRÄUTERN

Für alle, die ebenfalls ein gebrochenes Herz zu flicken haben oder einfach jemandem etwas Gutes tun wollen, für die haben wir **#frohkräutern** ins Leben gerufen.

Und so geht's: Kennzeichnet einfach auf der sozialen Plattform eurer Wahl euren hochgeladenen Schnappschuss mit dem Hashtag **#frohkräutern** und taggt bzw. added den Empfänger, der ein wenig Aufmunterung nötig hat.

Wer schon froh ist, der filtert bei Instagram, Twitter oder Facebook alle Beiträge, die mit **#frohkräutern** markiert wurden – und freut sich über die fröhlichen Ergebnisse.

Social Kräuter

f #frohkräutern

📷 #frohkräutern

f #frohkräutern

📷 #frohkräutern

📷 #frohkräutern

Die Autorin

*Wenn sich Antonia Michael
nicht gerade als Social-Media-
Redakteurin und Konzepterin
im World Wide Web
herumtreibt, besteigt sie am
liebsten Berge und freut
sich immer besonders auf
den Einkehrschwung.*

VIER GEHEN NOCH

SCHÖN WAR'S – ABER SO GEORDNET GING ES SELTEN ZU

Von links nach rechts: Melanie Jonas, Nanette Andrée, Holger Janßen und Dorthe March

MELANIE JONAS

Melanie hat immer einen anständigen Kümmel im Kühlschrank, hält im Hamburger Sommer-Trendgetränk-Duell »Hugo gegen Aperol Spritz« Letzterem die Treue und liebt es, Medien zu entwickeln – insbesondere Bücher. Nach Gin, Rum und Frühstück dachte sie: »Eines geht noch!«

NANETTE ANDRÉE

Vor dem Buch trank Nanette weder Likör noch Schnaps. Gut so, denn eine musste ja schließlich bei dem Projekt einen klaren Kopf behalten. Ganz objektiv blieb sie deswegen noch lange nicht. Als original Hamburgerin war der lokale Kräuter Alter Bergedorfer ihr absoluter Favorit.

HOLGER JANSSEN

Als Kreativdirektor aus Hamburg und Friesenjung von der Waterkant schaut Holger gern über den Schnapsglasrand. So weiß er den guten Geschmack der Craft-Kräuter wie KR/23 oder Borgmann auch gleich doppelt zu schätzen: lecker Getränk *und* lecker Design.

DORTHE MARCH

Als Ostwestfälin trinkt Texterin Dorthe vornehmlich schrankwarmen Wacholder – weil man das so macht, wo sie »wechkommt«. Dass sie überall dort, wo es geht, am liebsten an der Theke steht, liegt in ihren Genen: Opa Walter hat lange eine Kneipe betrieben.